牢记使命 薪火相传
——纪念五四运动100周年文集

苏丽杰　梁多俊　主　编
王江屏　屈　睿　副主编

云南大学出版社
YUNNAN UNIVERSITY PRESS
·昆　明·

图书在版编目（CIP）数据

牢记使命　薪火相传：纪念五四运动100周年文集／苏丽杰，梁多俊主编. -- 昆明：云南大学出版社，2019
ISBN 978-7-5482-3796-9

Ⅰ．①牢… Ⅱ．①苏… ②梁… Ⅲ．①五四运动—纪念文集 Ⅳ．①K261.107-53

中国版本图书馆CIP数据核字(2019)第215181号

策划编辑：张丽华
责任编辑：张丽华
封面设计：任　微

牢记使命　薪火相传
——纪念五四运动100周年文集

苏丽杰　梁多俊　主　编
王江屏　屈　睿　副主编

出版发行：云南大学出版社
印　　装：昆明理煌印务有限公司
开　　本：787mm×1092mm 1/16
印　　张：10
字　　数：150千
版　　次：2019年10月第1版
印　　次：2019年10月第1次印刷
书　　号：ISBN 978-7-5482-3796-9
定　　价：58.00元

地　　址：昆明市一二一大街182号（云南大学东陆校区英华园内）
邮　　编：650091
发行电话：0871-65033244　65031071
网　　址：http://www.ynup.com
E-mail：market@ynup.com

若发现本书有印装质量问题，请与印厂联系调换，联系电话：0871-64167045。

序

刘 荣

  2019年,是伟大的五四运动爆发100周年之年。1919年爆发的五四运动是中国革命史上具有划时代意义的事件,它是一场全国范围的群众性反帝爱国运动,拉开了中国新民主主义革命的序幕,促进了马克思主义在中国的传播,推动了中国共产党的建立,深刻影响了中国二十世纪的历史进程,给中华民族留下了宝贵的精神财富,这就是以"爱国、进步、民主、科学"为核心的五四精神。五四运动的主力军是广大的青年学生。青年作为标志时代的最灵敏的晴雨表,随着中国特色社会主义进入新时代,不仅要继续承担时代的责任,也要继续创造时代的光荣。2014年5月4日,习近平总书记在北京大学师生座谈会上的讲话中指出:"五四运动以来,在中国共产党领导下,一代又一代有志青年'以青春之我,创建青春之家庭,青春之国家,青春之民族,青春之人类,青春之地球,青春之宇宙',在救亡图存、振兴中华的历史洪流中谱写了一曲曲感天动地的青春乐章。"广大青年对五四运动的最好纪念就是积极传播和践行五四精神,勇做走在时代前列的奋进者、开拓者、奉献者。中国特色社会主义进入新时代,当代青年更应该"不忘初心,牢记使命",弘扬和传承五四精神,崇尚科学、追求真理,开启有信念、有梦想、有奋斗、有奉献的人生,始终坚持学习和传播马克思主义,为实现中华民族伟大复兴的中国梦而奋斗!

习近平总书记强调了在新时代背景下进一步加强青年大学生思想政治教育工作的重要性和急迫性："广大青年既拥有广阔发展空间，也承载着伟大时代使命。青年是国家的希望、民族的未来。我衷心希望每一个青年都成为社会主义建设者和接班人，不辱时代使命，不负人民期望。"爱国主义是思想政治教育的重要构成内容，其基本要求就是发自内心地维护国家的主权、统一和尊严，自觉融入推动国家经济社会发展的实践当中。作为五四精神源泉的爱国主义始终贯穿于五四运动中，显著地表现为青年知识分子在国家危难关头，以天下为己任，把个人命运与国家命运紧密联系在一起。在新时代中国特色社会主义事业中，面对各种复杂的形势，弘扬爱国主义精神至关重要。在秉承五四精神、弘扬爱国主义精神的过程中，我们要以习近平新时代中国特色社会主义思想为指导，突出新时代爱国主义教育的主题，更好地凝聚起广大人民群众发展伟大事业的精神力量。

2018年5月2日，习近平总书记在北京大学师生座谈会上的讲话指出："爱国，是人世间最深层、最持久的情感，是一个人立德之源、立功之本。"五四运动时期的爱国精神主要表现在人民群众反帝反封建的斗争和运动中，在民族危难之际，人民群众、市民、工商阶层等毅然站出来，维护国家主权，反对分裂割据，开展的罢工、游行、请愿等一系列运动，都深刻地反映了人民群众浓厚的爱国精神。尽管历史已远去，然而五四爱国精神依旧在中华大地上生根发芽，始终指引着中国特色社会主义事业前进的方向，引领着社会主义核心价值观，为实现中华民族伟大复兴的中国梦注入了长盛不衰的情怀。

五四运动后，在中国共产党的带领下，久经磨难的中华民族实现了从站起来、富起来到强起来的历史性飞跃。中国共产党根据不同时期的形势和特点，将以爱国主义为核心的五四精神与人民群众的社会实践相结合，使五四精神始终带有鲜明的时代特征和广泛的群众性。今天，我们在党的带领下踏上了实现中国梦的新征程，我们必须弘扬以爱国主义为核心的五四精神，坚定地走中国道路、弘扬中国精神、凝聚中国力量，把中国特色社会主义事业继续向前推进。

实现中华民族的伟大复兴,是五四运动以来一代又一代的中国青年矢志追求,并为之努力拼搏的远大理想。今天,广大青年对五四精神最好的践行,就是坚持中国共产党的领导,与工农群众相结合,扎根中国的大地,融入中国特色社会主义伟大事业的实践中,走好青年知识分子健康成长成才的必由之路,将个人的前途和命运与中国梦的实现紧紧地联系在一起,把以爱国主义为核心的五四精神深深地融入中国梦之中。

"立德树人"是高校的首要和根本的任务。2019年3月18日,习近平总书记在北京主持召开学校思想政治理论课教师座谈会,指出:"把爱国情、强国志、报国行自觉融入坚持和发展中国特色社会主义事业、建设社会主义现代化强国、实现中华民族伟大复兴的奋斗之中。""思政课教师,要给学生心灵埋下真善美的种子,引导学生扣好人生第一粒扣子。"在伟大的五四运动爆发100周年之际,云南民族大学马克思主义学院组织编辑出版本论文集,选入了云南民族大学离退休老教授撰写的文章7篇,青年教师及研究生写的论文9篇等。站在时代的潮头,我们继续秉承前辈精神,勇敢地担负起历史和国家赋予的使命,学习和弘扬以爱国主义为核心的五四精神,特别是云南人民在国家危难、民族兴亡中所体现出的敢为人先的精神,敢于担当,勇于担当,善于担当,努力做民族团结的促进者、践行者、守护者,积极主动融入中华民族伟大复兴建设的浪潮之中,引导广大青年学生牢固树立共产主义的伟大崇高的理想信仰,为实现中华民族伟大复兴中国梦注入无限的活力,并为之奋斗不已!

是为序。

(作者系云南民族大学教授、博士生导师)

目 录

在纪念五四运动100周年大会上的讲话 …………… 习近平（1）
毛泽东论五四运动 ………………………………… 梁多俊（11）
五四运动与新文化运动
　　——纪念五四运动一百周年 ………………… 陈思清（17）
昆明在五四运动中的历史地位 …………………… 谢本书（32）
西南联大历史上的五四纪念活动 ………… 李红英　王浩禹（40）
五四精神在新时代的传承和发扬 ………………… 孙国昌（53）
继承和发扬五四光荣传统　学习和实践当代马克思主义
　　……………………………………………… 王石琦（59）
五四百年 …………………………………………… 张忠良（65）
弘扬五四爱国运动精神　决胜实现"中国梦"
　　——纪念五四爱国运动100周年 …………… 李庭荪（68）
浅析五四精神及培育当代大学生爱国主义情怀的路径
　　……………………………………………… 李雪章（75）
传承五四精神　培养知行合一的新时代青年
　　——云南民族大学第二课堂成绩单工作案例
　　……………………………………………… 屈　睿（82）
让党的旗帜在民族类高校这个阵地上高高飘扬 …… 王　攀（87）

新媒体环境下高校网上共青团思想引领工作思考
.... 沈艳林（94）

新形势下民族类高校共青团工作中新媒体建设的创新路径
————以云南民族大学为例 .... 汪　艺（102）

云南民族大学民族团结实践育人的探索与反思
————写在纪念五四运动100周年之际 .... 李春亭（111）

组织文化视野下团员意识教育的长效机制 .... 郑景伟（128）

弘扬五四精神，凝聚青年力量共筑中国梦
————纪念五四运动一百周年 .... 杨永颖（135）

五四精神的内核和新青年的时代要求 .... 苏　谏（142）

——紧密团结在以习近平同志为核心的党中央周围,发扬伟大五四精神,坚持新时代中国青年运动正确方向,奋力谱写实现中华民族伟大复兴中国梦的壮丽青春篇章!

在纪念五四运动 100 周年大会上的讲话

习近平

(2019 年 4 月 30 日)

共青团员们,青年朋友们,同志们:

100 年前,中国大地爆发了震惊中外的五四运动,这是中国近现代史上具有划时代意义的一个重大事件。今年是五四运动 100 周年,也是中华人民共和国成立 70 周年。在这个具有特殊意义的历史时刻,我们在这里隆重集会,缅怀五四先驱崇高的爱国情怀和革命精神,总结党和人民探索实现民族复兴道路的宝贵经验,这对发扬五四精神,激励全党全国各族人民特别是新时代中国青年为全面建成小康社会、加快建设社会主义现代化国家、实现中华民族伟大复兴的中国梦而奋斗,具有十分重大的意义。

青年朋友们、同志们!

五四运动,爆发于民族危难之际,是一场以先进青年知识分子为先锋、广大人民群众参加的彻底反帝反封建的伟大爱国革命运动,是一场中国人民为拯救民族危亡、捍卫民族尊严、凝聚民族力量而掀起的伟大社会革命运动,是一场传播新思想新文化新知识的伟大思想启蒙运动和新文化运动,以磅礴之力鼓动了中国人民和中华民族实现民族复兴的志向和信心。

五四运动，以彻底反帝反封建的革命性、追求救国强国真理的进步性、各族各界群众积极参与的广泛性，推动了中国社会进步，促进了马克思主义在中国的传播，促进了马克思主义同中国工人运动的结合，为中国共产党成立做了思想上干部上的准备，为新的革命力量、革命文化、革命斗争登上历史舞台创造了条件，是中国旧民主主义革命走向新民主主义革命的转折点，在近代以来中华民族追求民族独立和发展进步的历史进程中具有里程碑意义。

——五四运动以全民族的力量高举起爱国主义的伟大旗帜。五四运动，孕育了以爱国、进步、民主、科学为主要内容的伟大五四精神，其核心是爱国主义。爱国主义是我们民族精神的核心，是中华民族团结奋斗、自强不息的精神纽带。五四运动时，面对国家和民族生死存亡，一批爱国青年挺身而出，全国民众奋起抗争，誓言"国土不可断送、人民不可低头"，奏响了浩气长存的爱国主义壮歌。历史深刻表明，爱国主义自古以来就流淌在中华民族血脉之中，去不掉，打不破，灭不了，是中国人民和中华民族维护民族独立和民族尊严的强大精神动力，只要高举爱国主义的伟大旗帜，中国人民和中华民族就能在改造中国、改造世界的拼搏中迸发出排山倒海的历史伟力！

——五四运动以全民族的行动激发了追求真理、追求进步的伟大觉醒。五四运动前后，我国一批先进知识分子和革命青年，在追求真理中传播新思想新文化，勇于打破封建思想的桎梏，猛烈冲击了几千年来的封建旧礼教、旧道德、旧思想、旧文化。五四运动改变了以往只有觉悟的革命者而缺少觉醒的人民大众的斗争状况，实现了中国人民和中华民族自鸦片战争以来第一次全面觉醒。经过五四运动洗礼，越来越多中国先进分子集合在马克思主义旗帜下，1921年中国共产党宣告正式成立，中国历史掀开了崭新一页。历史深刻表明，有了马克思主义，有了中国共产党领导，有了中国人民和中华民族的伟大觉醒，中国人民和中华民族追求真理、追求进步的潮流从此就是任何人都阻挡不了的！

——五四运动以全民族的搏击培育了永久奋斗的伟大传统。早在80年前,毛泽东同志就指出:"中国的青年运动有很好的革命传统,这个传统就是'永久奋斗'。"通过五四运动,中国青年发现了自己的力量,中国人民和中华民族发现了自己的力量。中国人民和中华民族从斗争实践中懂得,中国社会发展,中华民族振兴,中国人民幸福,必须依靠自己的英勇奋斗来实现,没有人会恩赐给我们一个光明的中国。历史深刻表明,只要中国人民和中华民族勇于为改变自己的命运而奋斗牺牲,我们的国家就一定能够走向富强,我们的民族就一定能够实现伟大复兴!

五四运动以来的100年,是中国青年一代又一代接续奋斗、凯歌前行的100年,是中国青年用青春之我创造青春之中国、青春之民族的100年。100年来,中国青年满怀对祖国和人民的赤子之心,积极投身党领导的革命、建设、改革伟大事业,为人民战斗、为祖国献身、为幸福生活奋斗,把最美好的青春献给祖国和人民,谱写了一曲又一曲壮丽的青春之歌。实践充分证明,中国青年是有远大理想抱负的青年!中国青年是有深厚家国情怀的青年!中国青年是有伟大创造力的青年!无论过去、现在还是未来,中国青年始终是实现中华民族伟大复兴的先锋力量!

青年朋友们、同志们!

今天,在中国共产党领导下,我们开辟了中国特色社会主义道路,形成了中国特色社会主义理论体系,建立了中国特色社会主义制度,发展了中国特色社会主义文化,推动中国特色社会主义进入了新时代。中国人民拥有了前所未有的道路自信、理论自信、制度自信、文化自信,中华民族伟大复兴展现出前所未有的光明前景!

新时代中国青年运动的主题,新时代中国青年运动的方向,新时代中国青年的使命,就是坚持中国共产党领导,同人民一道,为实现"两个一百年"奋斗目标、实现中华民族伟大复兴的中国梦而奋斗。

青年是整个社会力量中最积极、最有生气的力量,国家的希望在青年,民族的未来在青年。今天,新时代中国青年处在中华民族发展的最好时期,既面临着难得的建功立业的人生际遇,也面临着"天将降大任于斯人"的时代使命。新时代中国青年要继续发扬五四精神,以实现中华民族伟大复兴为己任,不辜负党的期望、人民期待、民族重托,不辜负我们这个伟大时代。

第一,新时代中国青年要树立远大理想。青年的理想信念关乎国家未来。青年理想远大、信念坚定,是一个国家、一个民族无坚不摧的前进动力。青年志存高远,就能激发奋进潜力,青春岁月就不会像无舵之舟漂泊不定。正所谓"立志而圣则圣矣,立志而贤则贤矣"。青年的人生目标会有不同,职业选择也有差异,但只有把自己的小我融入祖国的大我、人民的大我之中,与时代同步伐、与人民共命运,才能更好实现人生价值、升华人生境界。离开了祖国需要、人民利益,任何孤芳自赏都会陷入越走越窄的狭小天地。新时代中国青年要树立对马克思主义的信仰、对中国特色社会主义的信念、对中华民族伟大复兴中国梦的信心,到人民群众中去,到新时代新天地中去,让理想信念在创业奋斗中升华,让青春在创新创造中闪光!

第二,新时代中国青年要热爱伟大祖国。孙中山先生说,做人最大的事情,"就是要知道怎么样爱国"。一个人不爱国,甚至欺骗祖国、背叛祖国,那在自己的国家、在世界上都是很丢脸的,也是没有立足之地的。对每一个中国人来说,爱国是本分,也是职责,是心之所系、情之所归。对新时代中国青年来说,热爱祖国是立身之本、成才之基。当代中国,爱国主义的本质就是坚持爱国和爱党、爱社会主义高度统一。新时代中国青年要听党话、跟党走,胸怀忧国忧民之心、爱国爱民之情,不断奉献祖国、奉献人民,以一生的真情投入、一辈子的顽强奋斗来体现爱国主义情怀,让爱国主义的伟大旗帜始终在心中高高飘扬!

第三,新时代中国青年要担当时代责任。时代呼唤担当,民族振兴是青年的责任。鲁迅先生说,青年"所多的是生力,遇见深林,可以辟成平地的,遇见旷野,可以栽种树木的,遇见沙漠,可以开掘井泉的"。在实现中华民族伟大复兴的新征程上，应对重大挑战、抵御重大风险、克服重大阻力、解决重大矛盾，迫切需要迎难而上、挺身而出的担当精神。只要青年都勇挑重担、勇克难关、勇斗风险，中国特色社会主义就能充满活力、充满后劲、充满希望。青年要保持初生牛犊不怕虎、越是艰险越向前的刚健勇毅，勇立时代潮头，争做时代先锋。一切视探索尝试为畏途、一切把负重前行当吃亏、一切"躲进小楼成一统"逃避责任的思想和行为，都是要不得的，都是成不了事的，也是难以真正获得人生快乐的。新时代中国青年要珍惜这个时代、担负时代使命，在担当中历练，在尽责中成长，让青春在新时代改革开放的广阔天地中绽放，让人生在实现中国梦的奋进追逐中展现出勇敢奔跑的英姿，努力成为德智体美劳全面发展的社会主义建设者和接班人！

第四，新时代中国青年要勇于砥砺奋斗。奋斗是青春最亮丽的底色。"自信人生二百年，会当水击三千里。"民族复兴的使命要靠奋斗来实现，人生理想的风帆要靠奋斗来扬起。没有广大人民特别是一代代青年前赴后继、艰苦卓绝的接续奋斗，就没有中国特色社会主义新时代的今天，更不会有实现中华民族伟大复兴的明天。千百年来，中华民族历经苦难，但没有任何一次苦难能够打垮我们，最后都推动了我们民族精神、意志、力量的一次次升华。今天，我们的生活条件好了，但奋斗精神一点都不能少，中国青年永久奋斗的好传统一点都不能丢。在实现中华民族伟大复兴的新征程上，必然会有艰巨繁重的任务，必然会有艰难险阻甚至惊涛骇浪，特别需要我们发扬艰苦奋斗精神。奋斗不只是响亮的口号，而是要在做好每一件小事、完成每一项任务、履行每一项职责中见精神。奋斗的道路不会一帆风顺，往往荆棘丛生、充满坎坷。强者，总是从挫折中不断奋起、永不气馁。新时代中国青年要勇做走在时代前列的奋进者、开拓者、奉献者，毫不畏惧面对一切艰难险阻，在劈波斩浪中开拓前进，在披荆斩棘中开辟天地，在攻坚克难中创造业绩，用青春和汗水创造出让世界刮目相看的新奇迹！

第五，新时代中国青年要练就过硬本领。青年是苦练本领、增长才干的黄金时期。"青春虚度无所成，白首衔悲亦何及。"当今时代，知识更新不断加快，社会分工日益细化，新技术新模式新业态层出不穷。这既为青年施展才华、竞展风采提供了广阔舞台，也对青年能力素质提出了新的更高要求。不论是成就自己的人生理想，还是担当时代的神圣使命，青年都要珍惜韶华、不负青春，努力学习掌握科学知识，提高内在素质，锤炼过硬本领，使自己的思维视野、思想观念、认识水平跟上越来越快的时代发展。新时代中国青年要增强学习紧迫感，如饥似渴、孜孜不倦学习，努力学习马克思主义立场观点方法，努力掌握科学文化知识和专业技能，努力提高人文素养，在学习中增长知识、锤炼品格，在工作中增长才干、练就本领，以真才实学服务人民，以创新创造贡献国家！

　　第六，新时代中国青年要锤炼品德修为。人无德不立，品德是为人之本。止于至善，是中华民族始终不变的人格追求。我们要建设的社会主义现代化强国，不仅要在物质上强，更要在精神上强。精神上强，才是更持久、更深沉、更有力量的。青年要把正确的道德认知、自觉的道德养成、积极的道德实践紧密结合起来，不断修身立德，打牢道德根基，在人生道路上走得更正、走得更远。面对复杂的世界大变局，要明辨是非、恪守正道，不人云亦云、盲目跟风。面对外部诱惑，要保持定力、严守规矩，用勤劳的双手和诚实的劳动创造美好生活，拒绝投机取巧、远离自作聪明。面对美好岁月，要有饮水思源、懂得回报的感恩之心，感恩党和国家，感恩社会和人民。要在奋斗中摸爬滚打，体察世间冷暖、民众忧乐、现实矛盾，从中找到人生真谛、生命价值、事业方向。新时代中国青年要自觉树立和践行社会主义核心价值观，善于从中华民族传统美德中汲取道德滋养，从英雄人物和时代楷模的身上感受道德风范，从自身内省中提升道德修为，明大德、守公德、严私德，自觉抵制拜金主义、享乐主义、极端个人主义、历史虚无主义等错误思想，追求更有高度、更有境界、更有品位的人生，让清风正气、蓬勃朝气遍布全社会！

青年朋友们、同志们!

中国共产党自成立之日起,就始终把青年工作作为党的一项极为重要的工作。一代又一代中国共产党人,大多数都是在青年时代就满怀信仰和豪情加入了党组织,并为党和人民奋斗终生。党的队伍中始终活跃着怀抱崇高理想、充满奋斗精神的青年人,这是我们党历经百年风雨而始终充满生机活力的一个重要原因。中国共产党立志于中华民族千秋伟业,必须始终代表广大青年、赢得广大青年、依靠广大青年,用极大力量做好青年工作,确保党的事业薪火相传,确保中华民族永续发展。把青年一代培养造就成德智体美劳全面发展的社会主义建设者和接班人,是事关党和国家前途命运的重大战略任务,是全党的共同政治责任。各级党委和政府、各级领导干部以及全社会都要充分信任青年、热情关心青年、严格要求青年,关注青年愿望、帮助青年发展、支持青年创业,做青年朋友的知心人、青年工作的热心人、青年群众的引路人。

我们要主动走近青年、倾听青年,做青年朋友的知心人。当代青年思想活跃、思维敏捷、观念新颖、兴趣广泛,探索未知劲头足,接受新生事物快,主体意识、参与意识强,对实现人生发展有着强烈渴望。这种青春天性赋予青年活力、激情、想象力和创造力,应该充分肯定。同时,青年人阅历不广,容易从自身角度、从理想状态的角度来认识和理解世界,难免给他们带来局限性。这是青年成长的规律,我们要尊重这个规律。信任是理解的前提。要尊重青年天性,照顾青年特点,经常到青年中去,同青年零距离接触、面对面交流,了解他们的思想动态、价值取向、行为方式、生活方式,倾听他们对社会问题和现象的看法,对党和政府工作的意见和建议。即便听到了尖锐的甚至是偏颇的批评,也要有则改之、无则加勉,成为青年愿意讲真话、交真心、诉真情的知心朋友。青年要向年长者学习,年长者也要向青年学习,相互取长补短,相互信任帮助。

我们要真情关心青年、关爱青年,做青年工作的热心人。青年处于人生道路的起步阶段，在学习、工作、生活方面往往会遇到各种困难和苦恼，需要社会及时伸出援手。当代青年遇到了很多我们过去从未遇到过的困难。压力是青年成长的动力，而在青年成长的关键处、要紧时拉一把、帮一下，则可能是青年顶过压力、发展成才的重要支点。我们要关注青年所思、所忧、所盼，帮助青年解决好他们在毕业求职、创新创业、社会融入、婚恋交友、老人赡养、子女教育等方面的操心事、烦心事，努力为青年创造良好发展条件，让他们感受到关爱就在身边、关怀就在眼前。

我们要悉心教育青年、引导青年，做青年群众的引路人。青年要顺利成长成才，就像幼苗需要精心培育，该培土时就要培土，该浇水时就要浇水，该施肥时就要施肥，该打药时就要打药，该整枝时就要整枝。要坚持关心厚爱和严格要求相统一、尊重规律和积极引领相统一，教育引导青年正确认识世界，全面了解国情，把握时代大势。既要理解青年所思所想，为他们驰骋思想打开浩瀚天空，也要积极教育引导青年，推动他们脚踏实地走上大有作为的广阔舞台。当青年思想认识陷入困惑彷徨、人生抉择处于十字路口时要鼓励他们振奋精神、勇往直前，当青年在工作上取得进步时要给予他们热情鼓励，当青年在事业上遇到困难时要帮助他们重拾信心，当青年犯了错误、做了错事时要及时指出并帮助他们纠正，对一些青年思想上的一时冲动或偏激要多教育引导，能包容要包容，多给他们一点提高自我认识的时间和空间，不要过于苛责。要积极鼓励青年到艰苦的一线吃苦磨炼、增长才干，放手让青年在重要领域和重要岗位上攻坚克难、施展才华，积极为青年创造人人努力成才、人人皆可成才、人人尽展其才的发展条件。

青年朋友们、同志们！

自古英雄出少年。在漫漫历史长河中，人类社会青年英雄辈出，中华民族青年英雄辈出。《共产党宣言》发表时马克思是30岁，恩格斯是28岁。列宁最初参加革命活动时只有17岁。牛顿和莱布尼茨发现微积分时分别是22岁和28岁，达尔文开始环球航行时是22岁，爱因斯坦提出狭义相对论时是

26岁。贾谊写出"西汉一代最好的政论"时不到30岁，王勃写下千古名篇《滕王阁序》时才20多岁。在我们党领导人民进行革命、建设、改革的伟大历史进程中更是青年英雄辈出。中共一大召开时毛泽东是28岁，周恩来参加中国共产党时是23岁，邓小平参加旅欧中国少年共产党时是18岁。杨靖宇牺牲时是35岁，赵一曼牺牲时是31岁，江姐牺牲时是29岁，红三十四师师长陈树湘牺牲时是29岁，邱少云牺牲时是26岁，雷锋牺牲时是22岁，黄继光牺牲时是21岁，刘胡兰牺牲时只有15岁。守岛32年的王继才第一次登上开山岛时是26岁，航天报国的嫦娥团队、神舟团队平均年龄是33岁，北斗团队平均年龄是35岁。这样的青年英杰数不胜数！我们要用欣赏和赞许的眼光看待青年的创新创造，积极支持他们在人生中出彩，为青年取得的成就和成绩点赞、喝彩，让青春成为中华民族生气勃发、高歌猛进的持久风景，让青年英雄成为驱动中华民族加速迈向伟大复兴的蓬勃力量！

青年朋友们、同志们！

共青团是党的助手和后备军，是党的青年工作的重要力量。在中国青年运动的光辉历程中，共青团发扬"党有号召、团有行动"的优良传统，为党争取青年人心、汇聚青年力量，在革命、建设、改革各个历史时期作出了积极贡献、发挥了重要作用。党旗所指就是团旗所向。共青团要毫不动摇坚持党的领导，增强"四个意识"、坚定"四个自信"、做到"两个维护"，坚定不移走中国特色社会主义群团发展道路，不断保持和增强政治性、先进性、群众性，坚持把培养社会主义建设者和接班人作为根本任务，把巩固和扩大党执政的青年群众基础作为政治责任，把围绕中心、服务大局作为工作主线，认真履行引领凝聚青年、组织动员青年、联系服务青年的职责，不断创新工作思路，增强对青年的凝聚力、组织力、号召力，团结带领新时代中国青年在实现中华民族伟大复兴中国梦的进程中不断开拓创新、奋发有为。关心和支持青年是全社会的共同责任。一切党政机关、企业事业单位，人民解放军和武警部队，各人民团体和社会团体，广大城乡基层自治组织，各新经济组织和新社会组织，都要关心青年成长、支持青年发展，给予青年更多机会，更好发挥青年作用。

青年朋友们、同志们！

青年是国家的未来，也是世界的未来。中国梦与世界梦息息相通，中华民族应该对人类社会作出更大贡献。新时代中国青年，要有家国情怀，也要有人类关怀，发扬中华文化崇尚的四海一家、天下为公精神，为实现中华民族伟大复兴而奋斗，为推动共建"一带一路"、推动构建人类命运共同体而努力。

青年朋友们！一代人有一代人的长征，一代人有一代人的担当。建成社会主义现代化强国，实现中华民族伟大复兴，是一场接力跑。我们有决心为青年跑出一个好成绩，也期待现在的青年一代将来跑出更好的成绩。衷心希望新时代中国青年积极拥抱新时代、奋进新时代，让青春在为祖国、为人民、为民族、为人类的奉献中焕发出更加绚丽的光彩！

再过几天，就是五四青年节了。在这里，我代表党中央，向全国各族青年致以节日的热烈祝贺！

毛泽东论五四运动

梁多俊

毛泽东同志在领导中国革命和社会主义建设过程中十分重视青年工作，对五四运动的革命精神和历史作用作过许多精辟论述。2019年是五四运动爆发一百周年之年，认真学习和研究毛泽东同志对五四运动的论述，对于继承和发扬五四运动革命传统精神，推进中国特色社会主义建设事业，实现"两个一百年"的奋斗目标有着重大的作用。

一、五四运动与十月革命

十月社会主义革命胜利开辟了人类历史的新纪元，历史已经证明，俄国十月社会主义革命的道路是伟大的、正确的。十月社会主义革命给中国送来了马克思列宁主义，使中国各族人民找到了一条正确的革命道路，即社会主义革命的道路。毛泽东同志说："灾难深重的中华民族，一百年来，其优秀人物奋斗牺牲、前仆后继，摸索救国救民的真理，是可歌可泣的。但是直到第一次世界大战和俄国十月革命之后，才找到马克思列宁主义这个最好的真理，作为解放我们民族的最好的武器，而中国共产党是拿起这个武器的倡导者、宣传者和组织者。"① 他明确地指出:"十月革命一声炮响,给我们送来了马克思列宁主义。十月革命帮助了全世界也帮助了中国的先进分子,用无产阶级的宇宙观作为观察国家命运的工具,重新考虑自己的问题。走俄国人的路——这就是结论。一九一九年,中国发生了五四运动。一九二一年,中国共产党成立。"② 俄国十月社会主义革命的胜利,极大地鼓舞了中国人民,走俄国人的路就是当时的结论。正如毛泽东同志所指出的:"五四运动是在当时世界革命号召之下,是在俄国革命号召之下,是在列宁号召之下发生的。五四运动是当时无产阶级世界革命的一部分。"③

二、五四运动与马克思列宁主义的传播

马克思列宁主义在中国的传播经历了一个较长的历史过程。五四运动前,在中国的一些报纸杂志上有零星的介绍和刊载。十月革命胜利后,马克思列宁主义开始在中国传播,正如毛泽东同志所指出的,十月革命一声炮响,给中国送来了马克思列宁主义。《新青年》杂志在传播马克思主义理论方面做了不少宣传工作。1918年11月,李大钊在《新青年》第5卷第5期上发表《庶民的胜利》和《布尔什维主义的胜利》,热烈赞扬俄国十月革命,认为它开辟了历史的新纪元。李大钊同志在《庶民的胜利》一文中写道:"1789年的法国革命,是19世纪中各国革命的先声。1917年的俄国革命,是20世纪中世界革命的先声。"1919年5月、11月出版的《新青年》第6卷第5期和第6期刊发了李大钊的《我的马克思主义观》《马克思学说》《马克思学说批评》等一系列文章,比较全面、系统地介绍了马克思主义基本观点和理论。李大钊是中国传播马克思主义思想的引路人。五四运动极大地推动了马克思

---

① 毛泽东:《改造我们的学习》,《毛泽东选集》第3卷,第794页。
② 毛泽东:《论人民民主专政》,《毛泽东选集》第4卷,第1408页。
③ 毛泽东:《新民主主义论》,《毛泽东选集》第2卷,第660页。

主义理论在中国的传播，使中国许多先进知识分子逐步接受了马克思主义理论观点，也为马克思主义在大众中传播提供了有利条件。五四运动前后，陈独秀主编的《新青年》发表了许多宣传马克思主义的文章，对马克思主义的宣传教育起了很大作用。1920年陈望道中译本《共产党宣言》在上海公开出版，到1926年5月，重印了17版，仍供不应求。

马克思主义理论首先在青年知识分子中间传播。毛泽东同志明确指出："马克思列宁主义思想在中国的广大的传播和接受，首先也是在知识分子和青年学生中。"① 通过先进知识分子的宣传，马克思主义在中国广大人民群众中传播，"中国人找到了马克思列宁主义这个放之四海而皆准的普遍真理，中国的面目就起了变化了"。②

三、五四运动与中国共产党的成立

1919年爆发的五四运动，推动了马克思主义在中国的传播。中国人民找到了民族解放的真理，为中国共产党的成立做了思想、理论上的准备。五四运动培养和锻炼了一大批共产主义知识分子，为中国共产党的成立做了干部上的准备。五四运动前后，许多马克思列宁主义著作开始在中国传播，马克思列宁主义思想观点逐渐为先进知识分子所接受。《共产党宣言》多次出版，为共产党的成立奠定了思想理论基础。

毛泽东同志在湖南第一师范学校读书时，是《新青年》的热心读者。在北京大学图书馆工作时，受到李大钊同志的引导，学习马克思主义。从五四运动到1920年的夏天，毛泽东同志从具有初步共产主义思想，发展成为坚定的马克思主义者，他多次谈到陈独秀和李大钊对他的思想影响。马克思列宁主义的传播，使许多青年知识分子具有了初步共产主义思想。五四运动培养

---

① 毛泽东：《论人民民主专政》，《毛泽东选集》第4卷，第1407页。
② 毛泽东：《论人民民主专政》，《毛泽东选集》第4卷，第1407页。

和造就了一大批具有初步共产主义思想的知识分子，他们是毛泽东、董必武、周恩来、何叔衡、蔡和森、陈潭秋、邓中夏、张太雷、赵世炎、王尽美、邓恩铭、高君宇、李达、李汉俊、瞿秋白等。毛泽东同志指出："五四运动时期虽然还没有中国共产党，但是已经有了大批的赞成俄国革命的具有初步共产主义思想的知识分子。"① 因此，毛泽东明确指出："五四运动是在思想上和干部上准备了一九二一年中国共产党的成立。"② 中国共产党的成立，是开天辟地的大事件，从此，中国革命面目一新，从胜利走向胜利，经过 28 年的艰苦斗争，终于取得了革命的胜利，建立了中华人民共和国。

四、五四运动与青年

毛泽东同志青年时代参加过五四运动，对青年在中国革命中的作用有亲身的体会，作了许多论述。他说："'五四'以来，中国青年们起了什么作用呢？起了某种先锋队的作用……什么叫先锋队的作用？就是带头作用，就是站在革命队伍的前头。中国反帝反封建的人民队伍中，有由中国知识青年们和学生青年们组成的一支军队。"③ 在抗日战争时期，毛泽东同志指出，知识分子和青年学生，"他们在现阶段的中国革命中常常起着先锋的和桥梁的作用。辛亥革命前的留学生运动，一九一九年的五四运动，一九二五的五卅运动，一九三五年的一二九运动，就是明显的例证"。④ 毛泽东同志认为，青年知识分子在中国民主革命中最先觉悟，"知识分子是首先觉悟的成分。辛亥革命和五四运动都明显地表现了这一点，而五四运动时期的知识分子则比辛亥革命时期的知识分子更广大和更觉悟"。⑤

---

① 毛泽东：《新民主主义论》，《毛泽东选集》第 2 卷，第 660 页。
② 毛泽东：《新民主主义论》，《毛泽东选集》第 2 卷，第 660 页。
③ 毛泽东：《青年运动的方向》，《毛泽东选集》第 2 卷，第 529 页。
④ 毛泽东：《中国革命和中国共产党》，《毛泽东选集》第 2 卷，第 604 页。
⑤ 毛泽东：《五四运动》，《毛泽东选集》第 2 卷，第 523 页。

五、五四运动与新文化运动

五四运动时期响亮地提出了"科学与民主"的口号，猛烈地冲击着几千年的旧礼教、旧文化、旧思想、旧道德，为新文化、新思想在中国传播开辟了道路。民主，首先是推翻专制独裁的封建旧制度，实现广大人民的解放、民主和自由；科学，首先是探索指导中国人民获得解放的科学真理和发展道路，五四运动使一批先进青年选择了马克思主义作为救国救民的指导思想。毛泽东同志明确指出了新文化的性质，他说："在'五四'以后，中国的新文化，却是新民主主义性质的文化，属于世界无产阶级的社会主义的文化革命的一部分。"[①] 他又说："五四运动所进行的文化革命是彻底地反对封建文化的运动，自有中国历史以来，还没有这样伟大而彻底的文化革命。当时以反对旧道德提倡新道德、反对旧文学提倡新文学，为文化革命的两大旗帜，立下了伟大的功劳。"[②] 五四运动是新民主主义革命的开端，毛泽东同志对新民主主义文化性质作了深刻的论述，他说："所谓新民主主义的文化，就是人民大众反帝反封建的文化……这种文化，只能由无产阶级的文化思想即共产主义思想去领导……所谓新民主主义的文化，一句话，就是无产阶级领导的人民大众的反帝反封建的文化。"[③] 毛泽东同志十分明确地指出，五四运动是新民主主义革命的开端，他说，新民主主义革命，"在中国则是一九一九年五四运动开始的。所谓新民主主义革命，就是在无产阶级领导下的人民大众的反帝反封建的革命"。[④]

---

① 毛泽东：《新民主主义论》，《毛泽东选集》第2卷，第658页。
② 毛泽东：《新民主主义论》，《毛泽东选集》第2卷，第660页。
③ 毛泽东：《新民主主义论》，《毛泽东选集》第2卷，第659页。
④ 毛泽东：《中国革命和中国共产党》，《毛泽东选集》第2卷，第610页。

六、五四运动的历史意义

五四运动有着十分重大的历史意义,毛泽东同志做了简明扼要的概括,他说:"五四运动是反帝国主义的运动,又是反封建的运动。五四运动的杰出的历史意义,在于它带着为辛亥革命还不曾有的姿态,这就是彻底地不妥协地反帝国主义和彻底地不妥协地反封建主义。"① 毛泽东同志多次指出,五四运动的另一个杰出历史意义就是五四运动为中国共产党的成立在思想上、干部上做了准备。这里还应当指出的是,毛泽东同志反复强调,在革命和建设事业中,要充分发挥青年的先锋和桥梁的作用。

(作者系云南民族大学教授)

---

① 毛泽东:《新民主主义论》,《毛泽东选集》第2卷,第699页。

五四运动与新文化运动

——纪念五四运动一百周年

陈思清

一、五四运动

一九一九年五月四日,在北平爆发的中国人民反帝反封建的爱国运动(史称五四运动),迄今已经一百周年了。它的导火线是,一九一八年十一月,第一次世界大战宣告结束,一九一九年一月,英、法、美、日等国在巴黎的凡尔赛宫召开所谓"和平会议"(简称"巴黎和会")。当时的北洋军阀政府迫于人民的压力,向巴黎和会提出希望帝国主义放弃在华特权,取消二十一条,收回被日本夺去的原德国在山东的权利的要求,遭到与会的帝国主义国家的拒绝。北洋军阀政府屈服于帝国主义的压力,准备在和约上签字。消息传来,举国愤怒。五月四日,北京学生三千余人在天安门前集会,高呼"外争国权、内除国贼""废除二十一条""还我青岛"等口号,接着举行了示威游行。学生们痛打了时任交通总长的曹汝霖、外总长章宗祥、驻日公史陆宗舆,火烧曹汝霖住宅,接着北京学生实行总罢课,并通电全国表示抗议。天津、上海、长沙、广州等地学生积极响应,纷纷游行示威,声援北京学生。六月三日至四日,北洋政府逮捕学生八百余人,激起全国人民更大愤怒。上海、南京、天津、杭州、武汉、济南等地举行工人罢工或示威游行，上海和全国重要城市的商人也先后举行罢市。至此，五四运动由学生运动发展成以工人阶级为主力军，包括青年学生、城市小资产阶级和民族资产阶级参加的全国范围的革命运动。六月十日，北洋军阀政府被迫释放被捕学生，免去曹汝霖、陆宗舆、章宗祥的职务。六月二十八日，中国代表团拒绝在巴黎和约上签字。五四运动的反帝反封建斗争取得了初步胜利。

五四运动是中国由旧民主主义革命转变为新民主主义革命的转折点，促进了新文化运动的深入发展及马克思主义同中国工人运动的结合，为中国共产党的成立做了思想上和干部上的准备。

毛泽东同志说："五四运动是反帝国主义的运动，又是反封建的运动。五四运动的杰出的历史意义，在于它带着为辛亥革命还不曾有的姿态，这就是彻底地不妥协地反帝国主义和彻底地不妥协地反封建主义。"①

五四运动作为一场政治运动，既反帝又反封建，但主要是一场反帝爱国运动。五四运动所反对的北洋军阀政府是卖国政府，是勾结帝国主义、出卖民族利益的政府，人民群众反对它，是反对它与帝国主义勾结、丧权辱国、出卖民族利益的行为，而不是从政治制度上砸烂它、推翻它。因此，五四运动实际上是一场维护国家主权和民族利益的反帝反封建的政治斗争。这一场爱国运动的爆发，与当时的国际、国内形势，特别是早它数年前发生的新文化运动有着密切的关系。

五四运动既是爱国政治运动，同时也是一场伟大的文化革命运动。早于五四运动数年（一九一五年）发生的新文化运动，对封建思想、封建文化、旧伦理道德等彻底、有力的批判，为五四运动爆发做了思想准备、舆论准备和干部准备。五四运动重在反帝，新文化运动重在反封建。

---

① 毛泽东：《新民主主义论》，《毛泽东选集》第2卷，第699页。

二、新文化运动

新文化运动开始的标志是一九一五年陈独秀主编的《新青年》（原名《青年杂志》，后改为《新青年》）在上海创刊。

陈独秀（1879—1942），字仲甫，安徽人。他参加过辛亥革命，又参加过一九一三年的"二次革命"，失败后逃往日本。一九一五年回国后，又经历了袁世凯称帝，张勋复辟。在这一连串的复辟活动中，尊孔派十分嚣张，封建遗老们还要求把孔教定为"国教"。在事实的教育下，陈独秀认识到批判孔教、开展思想革命的重要性。一九一七年他被聘为北京大学文科学长。一九一八年他与李大钊等创办《每周评论》，并以《新青年》为重要阵地积极批判封建思想，开展新文化运动。他在《吾人最后之觉悟》一文中，把伦理觉悟称为"吾人最后觉悟之最后觉悟"。[1] 他认为封建伦理观念正满布国内，"所以我们要诚心巩固共和国体，非将这班反对共和的伦理文学等旧思想，完全洗刷得干干净净不留。否则不但共和政治不能进行，就是这块共和招牌，也是挂不住的"。[2] 陈独秀的这些思想，代表了当时激进的小资产阶级知识分子的思想。后来成为《新青年》骨干分子的钱玄同便说袁世凯称帝犹如一声惊雷将他惊醒，始知"国粹"之万不可保存。这表明当时一些先进的知识分子已意识到辛亥革命缺少思想启蒙的严重缺陷，在认识到思想革命的重要意义之后，发出了文化革命的最初呼声。

陈独秀在《新青年》的发刊词《敬告青年》中，提出了"民主""科学"的口号，举起新文化运动的两面大旗。在一九一九年一月的《本志罪案之答辩》中，进而说明《新青年》同人拥护德谟克拉西（英语"民主"）和赛恩斯（英语"科学"）两位先生。"要拥护那德先生，便不得不反对孔教、

---

[1] 《吾人最后之觉悟》，《新青年》1916年2月。
[2] 见《新青年》1916年2月。

礼法、贞节、旧伦理、旧政治；要拥护那赛先生，便不得不反对国粹和旧文学。"① 这段话已经把新文化运动的主要内容概括了。陈独秀对封建思想的讨伐，涉及旧礼教、旧伦理、旧道德、旧政治、旧文化、旧宗教、旧文学、旧艺术等封建社会几乎全部意识形态，体现了彻底的不妥协的反封建精神。《新青年》首先把批斗矛头指向了孔教，展开了"打倒孔家店"的斗争。一九一六年，陈独秀又相继发表了《驳康有为致总统总理书》《宪法与孔教》《孔子之道与现代生活》等论文。之后又发表了《复辟与尊孔》等，指出孔子所提倡的道德、礼教、政治，都是封建时代的道德礼教，只为少数君主贵族服务，反对把孔教定为国教。

在新文化运动中，陈独秀率先举起了科学与民主两面大旗，对封建意识形态进行了全面扫荡，体现了激进的小资产阶级知识分子的民主主义立场。

新文化运动的另一名骨干是李大钊（1889—1927），字守常，河北人。他是中国最早的马克思主义者，中国共产党的创始人和领导人之一。他一九一三年毕业于天津北洋法政专科学校，一九一四年赴日本早稻田大学政治专业就读。他留日期间组织神州学会，参加留日学生的反袁斗争。他一九一六年回国，任《北京晨报》总编辑和《甲寅日报》编辑，积极投身新文化运动。一九一八年任北京大学经济学教授，兼北大图书馆馆长，并参加《新青年》编辑部的工作。同年年底与陈独秀创办《每周评论》，并以《新青年》《每周评论》为主要阵地，向封建思想、封建文化展开了批判。他在《新青年》和其他报刊上发表了《青春》《青年与老人》《自然的伦理与孔子》等重要论文。在《青春》中，他号召青年按"天演公例"冲决过去历史之网罗，破坏陈腐学说之图圄，勿令僵尸枯骨，束缚现在活泼泼地之我，进而纵现在青春之我，扑杀过去青春之我。② 新文化运动起始时段的李大钊亦是以

---

① 见《新青年》1916年2月。
② 见《新青年》1916年2月。

进化论为思想武器批判陈腐僵化的封建思想的。

蔡元培（1868—1940）亦是新文化运动的重要人物。他是中国民主革命家和教育家，具有民主革命思想。他先组织光复会，任会长；继而参加同盟会，任该会上海分会会长。他于一九〇七年赴德国考察，一九一二年任南京临时政府教育总长。他反对封建的教育思想，在《对于教育方针之意见》一文中，认为"忠君与共和政体""尊孔与信仰自由"相违，任职期间积极地推行教育改革，实行小学男女同校，废除读经等。一九一七年，蔡元培出任北京大学校长，他实行"思想自由"和"兼容并包"的办学方针，有利于各种新思潮的传播，使北京大学成为新文化运动的堡垒并发挥了重要作用。

一九一八年底，陈独秀、李大钊又创办了《每周评论》，一九一九年一月，北大学生编辑的《新潮》创刊。这些刊物与当时的北京《晨报》副刊、上海《时事新报》的副刊《学报》、《民国日报》的副刊《觉悟》等，都成为新文化运动和文学革命的重要阵地。

三、文学革命

新文化运动的初始阶段，批判的重点是封建伦理道德，把矛头对准了孔孟之道。随着批判封建思想内容的拓展和深入，必然导致对封建文学的革命要求，文学革命就是应时代的要求而提出来的，"因为这荒谬的思想和晦涩的古文，几乎已融合为一，不能分离"。荒谬的思想毒害国民，晦涩难懂的古文阻碍了新思想的广泛传播，文学语言上的革命便随着思想革命提到议事日程上来。陈独秀此时已开始译介欧洲文艺理论，他从欧洲文艺思潮古典主义、理想主义（浪漫主义）、写实主义、自然主义等的演变中受到启发，萌发了文学革命的思想。他对文学语言形式上的革命持积极态度，给予支持。

（一）从文学改良到文学革命

文学革命开始于一九一七年，是新文化运动发展的必然结果，也是它的重要组成部分（一翼）。这一年一月，《新青年》第二卷第五期上发表了胡适的《文学改良刍议》，文中提出了文学改良"八事"，可视作文学革命的先声。紧接着，在二月出版的《新青年》第六期上，又发表了陈独秀的《文学革命论》，文中正式提出"文学革命"的口号，从而掀起了文学革命的高潮。

胡适（1891—1962），安徽省绩溪县人，字适之，曾留学美国学习农业，后改向杜威学习哲学，一九一七年回国被聘为北大教授。在美学习期间，他深受资本主义文明的洗礼，深感中国落后于世界潮流，从而萌生改革的思想。他认为应向古老中国的躯体里注入西方资本主义的"少年血性汤"。他以"睡美人"喻中国，并取材欧洲的童话故事写了《睡美人之歌》，他希望有西方的"武士"以一吻而唤醒沉睡百代的中国美人，并结为夫妇。在哲学上他是杜威的实验主义的忠实信徒，为在中国传播西方的新思想，也主张废除文言文而提倡白话文，胡适在《文学改良刍议》中提出了文学改良应以"八事"入手："一曰，须言之有物。二曰，不模仿古人。三曰，须讲求文法。四曰，不作无病之呻吟。五曰，务去滥调套语。六曰，不用典。七曰，不讲对仗。八曰，不避俗字俗语。"这些内容都是针对文言文的，对文言文的形式、语言、表达方式做了全面否定和批判，并提出白话文学的正宗。以"二十世纪之活字"写作，以成就意大利的但丁、德国的路德那样的伟业。这是因为胡适看到了一个统一的民族语言运动在欧洲一些国家发展资本主义中起到的推动作用，从而反对文言文，提倡白话文。

胡适的文学改良主张仅仅涉及旧文学的语言、形式，并未触及旧文学内容，确也显示了他的不彻底和不完善之处。但从改良"八事"涉及的内容看，他主张对旧文学从语言和形式上进行全面变革，已具有革命的性质了。"反对文言文，提倡白话文""不久即成为新文化运动和文学革命口号的重要的一翼"。较之清末梁启超等人的文学改良运动，胡适的文学改良更为坚决彻底。清末的文学改良发生在十九世纪末。一八四〇年鸦片战争之后，中国逐渐沦为半殖民地半封建社会，反对帝国主义、封建专制的统治，争取民族独立解放、振兴中华的使命历史地落在了中国人民的肩上。已经走向衰落的古典文学，无论从内容和形式上都不能适应时代的潮流，在内容上，作为封建社会的意识形态，在某种程度上阻碍着历史的进步；以文言作为表达思想的工具的旧文学形式，难以表现现代人的思想、生活、情感，到了亟待变革的时候了。清末的文学改良运动，就是这种变革的先声，亦是五四文学革命的先声。改良派领袖梁启超提出"诗界革命"（一八九九年《汗漫录》）和"小说界革命"（一九〇二年《论小说与群治之关系》）的主张，并亲自创作政治小说，创办《新小说》杂志，从而激发了探索小说理论、创办小说刊物的热情，促进了小说的创作和翻译小说的繁荣。出现了清末的谴责小说《二十年目睹之怪现状》和新公案小说《老残游记》。梁启超用浅显的文言文创作了相对活泼的新文体。文学家和翻译家林纾（字琴南）依据他人口述，用文言翻译了欧美小说一百七十余种，其中以《巴黎茶花女遗事》《黑奴吁天录》《伊索寓言》等影响最大，使中国知识分子开始接触到西方文学。改良派办的《事务报》上也出现了文字改革的主张等等，这都表明清末文学改良运动在古典文学向现代文学的转变中起到了促进作用。

但是清末的文学改良运动存在着明显的局限，既无力否定封建思想、封建制度，又无力创造出新的文学形式，明显地表现了时代的和阶级的局限。胡适在文学改良"八事"的内容上就显得更为宽泛，态度也更为坚决，他提出的白话文学为中国文学的正宗，"以二十世纪之活字"写作，以及用白话文写出一部《白话文学史》的实验，都表明他提倡白话文、废除文言文、反对旧文学的态度和决心，也表现了他在哲学上信奉实验主义的立场。胡适敢于彻底否定文言文，提倡以白话文取代文言文，与他所处的时代——辛亥革命之后，君权神授的清朝皇帝被赶下台，使中国人民的思想获得第一次大解放；与第一次世界大战后中国民族资产阶级的量的壮大以及他们在思想上反帝反封建的要求有所增强的时代背景有关；尤其与他留学西方全面接受资本主义文化教育，深受资本主义文明的洗礼，成为学养深厚、视野开阔的资产阶级知识分子有着密切关系，这是他超越梁启超的地方。不久，当陈独秀提出文学革命的口号时，就把胡适反对文言文、提倡白话文作为文学革命口号之一响亮地提出来了。

一九一七年二月的《新青年》第二卷第六期上，陈独秀发表了《文学革命论》，正式提出了文学革命的口号，他以激进的态度提出了文学革命的三大主义："曰推倒雕琢的、阿谀的贵族文学，建设平易的、抒情的国民文学。曰推倒陈腐的、铺张的古典文学，建设新鲜的、立诚的写实文学。曰推倒迂晦的、艰涩的山林文学，建设明了的、通俗的社会文学。"这篇论文从整体上对封建旧文学进行了全面讨伐。他提倡的"三大主义"，从封建内容和文言文的语言形式两方面揭露了旧文学的弊病，要求文学表现社会、人生，表现出坚决彻底地反封建文学的精神与民主革命的要求。由胡适提倡的对旧文学语言和形式的变革，到陈独秀的文学语言和内容上的革命，反映了文学革命的深入发展。他态度的坚决、勇猛，极大地鼓舞了当时不满旧文学、有志文学变革的知识分子。他反对旧文学，正是为了反对"文以载道"，反对把旧文学作为宣传封建思想的工具。这反映了发生在五四运动前夕的文学革命在其初始就是民主主义启蒙运动的一个重要方面。至此，文学革命运动迅速地开展起来，加入这个队伍中的知识分子还有钱玄同、刘半农、周作人等。钱玄同在《新青年》上发表文章，声讨封建文化和封建文学，猛烈地抨击"桐城谬种""选学妖孽"，刘半农也撰文反对"文以载道"和文言文对思想的束缚等等。

对"文学革命"发表了重要意见的还有周作人，他是鲁迅的胞弟，时任北京大学教授。由于他提倡"思想革命"的激进主张，周氏兄弟在文坛上齐名。他在《人的文学》一文中说，我们现在应该提倡的新文学，简单地说一句，是"人的文学"，应该排斥的便是反对的"非人的文学"。他所说的人道主义，"乃是一种个人主义的人间本位主义"。他是从个性解放的思想出发提倡人道主义，主张人应有"灵与肉一致"的生活。所谓"肉"指人的生活本能、生理本能、物质欲望等；所谓"灵"指人的精神需求、心灵渴望，即精神生活。他认为人的精神应得到自由发展。只有在"灵"与"肉"两方面都得到满足，才是符合人性的。① 无疑他是把西方个性解放的思想作为反对封建文学的思想武器，这对五四时期表现个性解放主题的新文学创作产生了很大影响。在《平民文学》中，他率先提出了文学"为人生"的主张。他认为，"以普通的文体，写普通的思想与事实""不必记英雄豪杰的事业，才子佳人的幸福，只应记载世间普通男女的悲欢成败"。他还主张"认真为主，美即在其中"的人生派的艺术观，这对于五四时期的创作，同样产生很大影响。

（二）文学革命性质的转变与新文化运动统一战线的分化

正当新文化运动和文学革命蓬勃开展之时，发生了二十世纪人类历史上的伟大转折事件——俄国十月革命取得了胜利。它对于中国人民的革命斗争，对于新文化运动和文学革命都产生极大影响，"十月革命一声炮响，给我们送来了马克思列宁主义"，"中国人找到了马克思列宁主义这个放之四海而皆准的普遍真理，中国的面目就起了变化了"。俄国革命帮助了全世界的也帮助了中国的先进知识分子，开始用无产阶级的世界观作为观察国家命运的工具……"走俄国人的路——这就是结论。"② 李大钊等一批先进的知识分子，开始抛弃资产阶级民主主义，转而倾向社会主义，他首先引导中国人民关注十月革命。他在一九一八年七月出版的《言治》季刊第三期上发表了《法俄革命之比较观》，介绍了"俄罗斯之革命……是立于社会主义上之革命"。十一月，他又在《新青年》上发表了《庶民的胜利》和《布尔什维主义的胜利》，欢呼十月革命是"人道的警钟响了！自由的曙光现了！试看将来的环球，必是赤旗的世界！"自此之后，新文化运动的面貌发生了重大变化，新

---

① 周作人：《人的文学》，《新青年》1918年12月。
② 毛泽东：《论人民民主专政》。

文化运动的领军人物起始向西方学习的先进的知识分子们，转过头来学习马克思主义，传播马克思主义，走俄国人的路。

一九一九年，李大钊将他轮值主编的《新青年》第六卷第五期编成"马克思主义研究专号"，并在上面发表了《我的马克思主义观》一文。随后，他又用初步学到的马克思列宁主义理论撰文批判封建思想文化，发表了《由经济上解释中国近代思想变动的原因》《物质变动与道德变动》等文。有了新的理论武器，对封建思想和封建文化的批判更为彻底有力。一九一九年，陈独秀也表现出接受马克思列宁主义的发展倾向。一九二〇年之后，他逐渐接受了马克思列宁主义，和李大钊等成为中国共产党创始人。在十月革命的影响下，中国开始出现了一批具有初步共产主义思想的知识分子，如毛泽东、周恩来、董必武、恽代英等。他们在各地创办宣传新思潮的刊物，组织马克思主义研究等，使马克思主义迅速地在各地传播起来。《新青年》作为新文化运动的主要阵地，因为越来越多地刊载介绍评论马克思列宁主义的文章，成了传播马克思列宁主义的最重要阵地。一九一八年底，陈独秀、李大钊又创办了《每周评论》。一九一九年一月，北大学生编辑的《新潮》创刊。这些刊物与当时的北京《晨报》副刊，上海《时事新报》的《学刊》，《民国日报》的副刊《觉悟》等，都成为新文化运动和文学革命的重要阵地。

十月革命的成功，马克思列宁主义的广泛传播，对新文化运动和文学革命产生了重大影响。在此之前，文学革命的先驱者们在面对封建旧文学方面的态度是一致的，但是对建设什么样的新文学看法并不一致。举旗主师陈独秀主张是要沿着欧洲文艺复兴的资产阶级文学发展的道路走，是要以欧洲资产阶级民主主义文学、批判现实作家雨果、左拉、歌德、狄更斯、王尔德等为榜样，他认为我国"文学界豪杰之士"，应该成为这样的作家。十月革命之后，那些向西方学习的先进的知识分子们，回过头来学习马克思列宁主义，开始新的追求。他们对于俄国和苏联文学更加关注，翻译、介绍、研究盛极一时。正如瞿秋白在一九二〇年为《俄罗斯名家短篇小说集》写的序所分析的那样，俄国布尔什维克赤色革命在政治上、经济上、社会上产生的极大变动，使全世界都受到他的影响。生活在黑暗悲惨社会里的中国人民，都想在生存的现状里开辟一条生路，"因此大家都要来讨论研究俄国，于是俄国文学就成了中国文学家的目标"。从此关心、介绍、学习苏联文学成了新文学运动的重要内容。一九二〇年十月，郑振铎在《新青年》上介绍高尔基。整个二十年代苏联文学界的情况、创作和理论先后被介绍到中国来，苏俄文学就成为新文学追求的目标。具有初步共产主义思想的知识分子李大钊率先提出新文学必须以马克思列宁主义为指导思想。一九一九年底，他在《什么是新文学》一文中明确表示："刚是用白话作的文章，算不得新文学。"[1] 提出反对"为个人造名的文学"，提醒作者们不但要反对"科举"的"旧毒"，而且要反对商贾的"新毒"，蕴含着反对资产阶级个人主义的思想。他明确提出，新文学应以"宏深的思想、学理、坚信的主义"为土壤和根基，即要求以马克思列宁主义为新文学的指导。这表明无产阶级思想开始步入新文学领域，新文学运动增加了这个新的因素，便有了新的发展方向，新文学具有了无产阶级思想的指导和社会主义因素。一九一五年至一九一七年的新文化运动，是由资产阶级激进民主主义者领导的，他们的指导思想是资产阶级民主主义思想，对封建文化的批判、攻击比较彻底，冲击旧思想文化的网罗气势坚决，激发了知识青年同旧制度、旧思想决裂的斗争，去争取解放和追求真理的扭转，促进了国人的思想大解放，为五四以后新文化运动的深入开展和马克思列宁主义的传播扫除了某些障碍，为五四运动爆发做了思想准备、舆论酝酿和干部准备。

由于在建设什么样的新文学，新文学的指导思想、发展方向上具有初步共产主义思想的知识分子与资产阶级改良派知识分子出现了思想分歧，起始由具有初步共产主义思想的知识分子、激进的资产阶级民主主义思想的知识

---

[1] 载1918年12月8日《星期日》。

分子和资产阶级民主思想的知识分子组成的新文化运动统一战线内部便产生了分化、斗争。一九一九年七月，胡适在《每周评论》上发表了《多研究些问题，少谈些主义》，实际是反对马克思主义的传播，七月李大钊针锋相对地发表《再论问题与主义》，这就是著名的"问题与主义之争"，是马克思主义在中国传播过程中发生的第一场论争，这与胡适之师、美国实验主义哲学家杜威来华讲学密切相关。新文化运动内部分裂的态势已不可避免。论争的核心问题是要不要马克思主义，论争的结果是马克思主义取得了基本胜利，从而给马克思主义在中国的推广及深入传播扫除了障碍。一九二〇年底，胡适致函《新青年》编委会，表达了自己反对马克思主义的立场，不久，胡适退出《新青年》编委会，另办《努力》周报。

四、新文化运动的意义和局限

新文化运动"以反对旧道德提倡新道德、反对旧文学提倡新文学为文化革命的两大旗帜，立下了伟大的功劳"，[1] 具有深远的历史意义，主要表现在以下几个方面：

第一，新文化运动是中国近、现代史上第二次伟大的思想解放运动，它对封建思想、封建文化、封建伦理道德的全面否定、彻底有力的批判，使人们对旧秩序、旧礼教存在的合理性发生了怀疑："从来如此，便对么？"便是对几千年以来封建思想、文化、旧道德的怀疑和彻底否定，反映了人民群众，首先是知识分子的觉醒。它由反对旧文化、旧道德开始，提倡新道德；进而反对旧文学，提倡新文学；反对文言文，提倡白话文。这是中国历史上一次伟大而彻底的文化革命，它促进了中国人民的思想解放，对中国革命的发展起了伟大的推动作用；为中国文学的现代化开辟了道路，进而对完成反帝反

---

[1] 毛泽东：《新民主主义论》，《毛泽东选集》第2卷，第700页。

封建的新民主主义革命任务，建设社会主义现代化强国，起了巨大的助推作用。

第二，新文学取代了旧文学，白话文取代了文言文。文学革命冲破了旧文学与文言文的桎梏，宣告了有几千年历史的中国古典文学的终结与新文学（又称现代文学）的诞生，在中国文学发展史上开辟了一个新的文学世纪。不久，五四运动爆发，中国无产阶级开始登上政治舞台，中国革命开始进入新民主主义革命时期。新文化运动的性质和面貌发生了根本变化。从五四前夕出现的新文化运动，到一九二一年最重要的新文学社团文学和创造社的诞生，这一时期被称为现代文学的发生期，也被称为五四时期，为中国文学史揭开了新的一页。

毛泽东同志说："在'五四'以前，中国的新文化，是旧民主主义性质的文化，属于世界资产阶级的资本主义的文化革命的一部分。在'五四'以后，中国的新文化，却是新民主主义性质的文化，一句话，就是无产阶级领导的人民大众的反帝反封建的文化。"[①] 五四以后成长起来的新文学，是新民主主义的文学，是新民主主义文化的重要组成部分，它既不同于五四以前资产阶级领导的旧民主主义文学，又不是社会主义文学，它是无产阶级领导的人民大众的反帝反封建的文学，包括敌我友三方面的文学，社会主义只是因素，反帝反封建才是新文学（现代文学）的主流。

第三，五四运动是反帝反封建的爱国政治运动，主要是反帝；新文化运动则是一场文化批判、文化革命运动，主要是反封建。属于五四运动的重要组成部分早于五四运动数年前发生的新文化运动，为五四运动的爆发和中国共产党的成立做了舆论准备、思想准备和干部准备。五四运动又推动了新文化运动深入地开展，促进了马克思主义和各种新思潮的广泛传播，助推了中国新文学的诞生。新文化运动和文学革命的领军人物陈独秀、李大钊成为一

---

① 毛泽东：《新民主主义论》，《毛泽东选集》第2卷，第698页。

九一九年五四爱国运动的主要领导人和中国共产党的创始人。陈独秀在五四运动爆发不久，因起草散发《告北京市民宣言》而被捕，五四运动后期，接受和宣传马克思列宁主义，参加了同资产阶级改良派和无政府主义思潮的斗争。一九二〇年初陈独秀开始与李大钊酝酿组建中国共产党，在共产国际的帮助下发起成立中国共产党，成为党的主要创始人之一，在一九二一年七月中共第一次全国代表大会上当选为中央总书记（限于篇幅，关于陈的其他事迹，不再赘述）。李大钊于五四运动前夕发起组织"少年中国学会"，任《少年中国》月刊编辑部主任，十月革命后成为传播马克思列宁主义的先驱，一九二〇年春与陈独秀开始酝酿组建中国共产党，是党的创始人之一。党成立后，陈独秀担任北京地方委员会书记兼中国劳动组合书记部北方区负责人，负责领导党在北方地区的全面工作。李大钊是党的第二届、第三届、第四届中央委员。他于一九二七年四月六日被奉系军阀逮捕，二十八日在北京英勇就义。

  由于历史的、时代的、阶级的、认识上的局限，新文化运动和文学革命在取得伟大胜利的同时，不可避免地出现了某些缺点乃至一些错误：第一，新文化运动和文学革命开展的范围还不够广泛，成员还局限在知识分子中间，没有及时普及到广大的工农群众中去。这是历史的局限，也有文化革命先驱者们个人认识的局限。新文化运动只是给中国人民的思想解放开了个头，扫除了某些障碍。由于中国封建社会有着漫长的历史，封建思想、封建文化的影响将会长期存在，清除它们的影响将需要漫长的时间，反封建的任务并没有彻底完成。第二，运动的领军人物在思想上不同程度地存在着形而上学的缺点和错误，缺乏历史主义与辩证唯物主义的方法，在声讨封建文化和旧文学时，对民族文化传统和古典文学产生了民族虚无主义态度；在继承与发展、继承与创新、批判地继承民族文化遗产等问题上产生了错误。他们提倡科学民主是很对的，"但是他们对于现状、对于历史、对于外国事物，没有历史主义的批判精神，所谓坏就是绝对的坏，一切皆坏。所谓好就是绝对的好，一切皆好。这种形式主义的方法，就影响了后来这个运动的发展"。第三，全盘西化的倾向。新文化运动和文学革命的先驱者在批判封建旧文学时，缺乏具体分析，没有区分民主性的精华与封建性的糟粕。在向西方学习先进的文艺思想、创作方法、艺术手法的同时又产生了"全盘西化"和盲目崇洋的倾向，反映出了世界观和方法论的局限。这种局限，既有个人的原因，也有历史的局限。这说明对于新文化运动的先驱者们来说，也有一个自我认识、自我启蒙、自我革命，不断提升自己思想认识的过程，但时代的历史的原因也是不可避免的。马克思主义还处于早期传播阶段，文学革命的先驱者们要掌握马克思主义的历史唯物史观，还需要有一个过程。当然，无论是民族虚无主义还是全盘西化、形而上学，都对新文学的发展造成了负面影响。

新文化运动是中国近代史上一场伟大的思想启蒙运动，文学革命是中国文学发展史上一次伟大的革命，是从内容到形式上的彻底革命，它以鲁迅为文化革命的伟大旗手，揭开了无产阶级领导的人民大众的彻底反帝反封建的新民主主义文学的序幕，使中国文学进入一个新的历史时期。

五四运动推动了新文化运动和文学革命的深入开展。五四以后宣传新思想的报纸杂志如雨后春笋，文学社团纷纷涌现，新文学的各种体裁大都已具雏形，杂文、新诗、小说、戏剧领域都已显示出文学革命的最初实绩。值得自豪的是，从一九一五年的新文化运动，一九一七年的文学革命，到一九一九年的五四爱国运动，短短数年的时间内，新文学领域诞生了鲁迅和郭沫若这样的思想文化巨人、文学巨子。他们广泛吸收了古今中外人类优秀的文化成果，在新文学的幼年时期，就奉献了享誉世界的杰作，它们就是鲁迅的小说集《呐喊》《彷徨》和郭沫若的诗集《女神》，成为现代文学史上的奠基石。

（作者系云南民族大学教授）

昆明在五四运动中的历史地位

谢本书

百年前的 1919 年 5 月 4 日,北京爆发了学生运动,这是五四运动的起点,并且迅速传遍全国,成为全国性的规模宏大的政治运动,对中国近代历史的发展产生了重大影响,成为中国历史发展中具有转折性的重大事件。

在响应五四运动的全国大中城市中,作为边疆城市的云南昆明,不仅响应较早,而且规模较大、影响深远、持续时间较长,是非常值得注意的。可惜,在若干五四运动的论著中,除了提到昆明这个城市的名称以外,对昆明响应五四运动的具体情况,既缺少记录,也没有给予应有的评价。

一、近代云南是一个颇为开放的地区

在某些人的观念中,云南作为中国西南边陲的一隅之地,是一个落后的封闭或半封闭的社会,是一个蛮荒之地。这是一种误读。固然,作为内陆的中国西南边陲之地,缺乏东部沿海地区的地理优势,在经济发展上的滞后是难以避免的。然而,它却在中国历史上发挥过几乎让人难以置信的特殊作用。

作为中华民族发祥地之一的云南及其首府昆明,是祖国大家庭的组成部分,在维护祖国统一、开发和保卫边疆的斗争中,发展经济、保障人民生活,以及促进各民族团结方面,都曾做出重大贡献。

1840年以后，中国逐渐沦为半殖民地半封建的社会，云南更成为英法列强入侵中国的"后门"，各种不平等条约的签订，使中华民族的尊严受到践踏。1875年"马嘉理事件"（英国入侵云南的事件）后，1876年9月英国强迫清政府签订了《中英烟台条约》；1884年中法战争以后，1885年4月法国强迫清政府签订了《中法天津条约》等。英法为了实现这些不平等条约，对中国进行一系列的侵略，强迫清政府与云南地方政府在云南开放通商口岸，修建铁路，掠夺矿产资源。蒙自、思茅、腾冲等地被迫先后开关，辟为商埠。1905年昆明自辟为商埠，自行开放。商埠的开辟，以及1910年滇越铁路的通车，虽然便利了列强的经济掠夺，但是也加快了昆明对外开放的步伐和社会经济的发展，云南成了中国著名的五大侨乡之一，也成为一个相当开放的省区。因此，近代以来，云南及其昆明的发展，较之全国来讲，有许多突出之处，屈辱之处亦较少。在反侵略斗争中，在民族斗争和阶级斗争中，胜利或局部胜利之处更多一些，这是云南和昆明人民值得自豪的，也是云南文化自信的重要表现。

在1919年五四前夕，云南和昆明已经创造了诸多奇迹。在政治上，云南辛亥起义创造了三个冠军（起义省会城市战斗激烈之冠、改革成效之冠、滇军精锐之冠），从云南开始的反袁护国战争影响了全国历史发展的进程；从经济上说，1910年建成了滇越铁路，1912年建成了中国第一个水力发电站（石龙坝水电站）；从军事上说，从辛亥革命到护国运动，滇军的杰出表现，使"滇军精锐，冠于全国"；从文化教育上说，云南讲武堂已成为全国军事教育的辉煌亮点，是著名军校；从反侵略战争来说，中法战争中的反法斗争、反对列强掠夺七府矿产以及1911年"片马事件"中的反英斗争，都取得了重大胜利，等等。这一切说明，五四前夕的云南和昆明已经有着诸多的光辉业绩了。

而且在第一次世界大战期间，云南民族工业已有了新的发展，当时昆明较大的工厂，有官办的造币厂、官印局，商办的耀龙电灯公司、云南铁工厂等，工人人数（包括工厂工人、铁路工人、搬运工人、手工工人及店员）已约有一万人，此时昆明人口仅约十一万人。

五四前夕，昆明中等学校已有十所，省立第一中学、私立成德中学（昆一中前身）、昆明等十一县联合中学、省立第一师范学校、省立女子师范学校、昆明县立师范学校、省立甲种工业学校、省立甲种农业学校、兽医传习所和省立法政学校，有学生两千余人。这些青年学生在当时潮流的影响下，多向往西方的民主和科学，希望革新政治。1918年5月，我国留日学生为抗议日本侵华活动而归国。云南省留日学生代表张天放等三人回省，组织"救国团"，① 开展反日活动，并创办《救国日刊》，② 宣传反帝爱国思想，介绍进步思潮，转载《新青年》《每周评论》《新潮》等刊发的文章。1919年2月在昆明出版的《尚志》杂志，还转载了《布尔什维主义的胜利》一文，③ 这对青年学生起了积极作用。而且在1917年，昆一中就出现了学生自治会的组织。

由于有了这些条件和因素，当北京五四运动爆发的消息传到昆明时，立即得到响应，并形成规模较大的运动，就不足为怪了。

二、"六四"国民大会的召开与抵制日货运动

昆明响应五四运动，最突出的事件就是召开"六四"国民大会与抵制日货运动。

北京五四爱国运动爆发的消息到5月中旬传到昆明，即有昆一中学生杨兰春（杨青田）、段融生、张舫等七八人印了一份"缘起"，分发各校进行号召，得到各校学生响应。学生们走向街头，宣传、演讲、散发传单，号召人

---

① 云南救国团成立于1918年6月，它由商界、工界、学界、农界代表组成，推举三逸总会会长黄玉田为团长、省议会议长李映川为副团长，张天放负责具体事务。
② 《救国日刊》（1918—1923年）在昆明出版，创办时以倪守仁为经理，张天放为总编辑，范悲秋为总务兼发行。
③ 《尚志》杂志创办于1917年11月。

们起来声援学生爱国运动,并与社会各界人士联合,筹备尽快召开具有全民响应性质的国民大会。

在广大爱国学生影响下,经过半个月的筹备,由省议会、总商会、报界联合会、教育会、实业改进会、省农会、救国会、和平会、三逸总会、国民后援会、尚志学社等团体,于1919年6月4日在云华茶园(金碧公园内,今云南省第一人民医院所在地)召开盛大的"国民大会",① 称为"六四"国民大会。

会场内挂有青岛之地位、形势、产业和商务概况图表,大门贴有"救青岛即所以救中国""人心不死,事尚可为"等标语。进入会场的学生队伍手举"毋忘国耻""还我青岛"大旗,以及手执"誓杀国贼""挽回国权"小旗。参与大会的人数达万余人,占当时昆明人口的十分之一。②

大会由省议会议长李映川主持,农校校长张槐三、《救国日报》总编辑张天放及学生代表等十三人登台演说,个个义正词严,痛斥卖国贼,号召滇人起来,和全国人民一道,挽回外交败局,争回青岛,抵制日货,并要预备最后以武力解决问题。大会历时三小时,通过了宣言及致全国和巴黎专使之通电。呼吁全国各界,声讨国贼,抵制日货,取消中日不平等条约,"务请联合各团体组织同等大会,共策进行",③ 呼吁巴黎中国专使"万勿签字"。④

这些文件和通电,反映了昆明在五四运动中反帝反封建的基本倾向。"六四"国民大会参加者,不仅有学生、商人和市民,还有地方政府的头面人物,事实上各界人士都动员起来了。大会进行中,民族资本的南洋烟草公司首倡捐洋500元,作为国民大会经费。

会后与会群众与学生数千人,举行了大规模的示威游行,沿途高呼口号

---

① "国民大会"会后成为常设机关。
② "六四"国民大会参加人数记载不一,一说二万余人(《滇声报》),一说五六万人(《民国日报》《申报》)。而据参与者回忆为一万余人。
③ 《滇声报》1919年6月14日。
④ 《滇声报》1919年6月21日。

"还我青岛""挽回国权"。游行过程中还捣毁日商保田洋行、理发店、伊腾升镶牙馆、府上洋行的橱窗玻璃、货架、货橱。① 数千人的游行示威及其捣毁日商洋行,在昆明是史无前例的。而且示威队伍中还有部分地方政府工作人员和云南陆军讲武堂的学生。学生们呼吁:"骨可碎、身可粉,决不使外人稍有侵犯。"② "六四"国民大会使昆明响应五四运动的声势达到了高潮。

国民大会前,学生界代表于1919年6月2日在三逸总会召开了云南学生爱国会筹备会,后于6月8日正式成立了云南学生界的统一组织——云南学生爱国会,选举省一中学生杨兰春为会长。爱国会设评议、执行两部,总务、文书、庶务、会计、调查、演讲六科。爱国会的宗旨是"养成爱国精神,协御外侮"。随后云南有中等学校的各县,先后设立了分会。

学生爱国会成立后,除出版杂志、白话报、画报和街头演讲外,一个重要活动就是抵制日货。《云南学生爱国会演讲团章程》规定:"以劝用国货、保卫国权及唤起国民之爱国心为宗旨。"③ 他们还组织国货贩卖团,每四人一组,边宣传抵制日货,边售卖国货,"凡在通街大街,即立而劝购。购者之人,殊称踊跃"。④ 学生爱国会创办的《云南爱国学生会会刊》和《爱国日刊》都把宣传抵制日货作为重点。

学生们的爱国行动,得到了社会各界广泛的支持。学生爱国会租借景虹街二号房屋作会址,房东不要租金。《滇声报》发表了停登日商一切广告的紧要启事。律师公会也发表通电,要求对卖国贼"明正典刑"。⑤ 省议会连发两个通电,要求严惩卖国贼。云南地方政府在群众反日情绪高涨的压力下,取消了派员赴日考察教育的计划。在昆明还出现了李六更、苗七锣两位老人

---

① 魏英白:《"五四"时期昆明学生的爱国活动》,未刊记录稿。
② 《五四爱国运动资料》,科学出版社1959年版。
③ 《云南学生爱国会讲演团章程》,档案资料。
④ 《滇声报》1919年7月26日。
⑤ 《滇声报》1919年6月14日。

动人的爱国故事。

李六更，原为北洋政府要员，年已70余岁，五四运动开始时来到昆明，每天六更起床，遍街敲梆，叫人们速起救国，数月不懈。"六更"是人们给他起的绰号，他的真名反而很少人能记得了。苗七锣之"七锣"也是绰号，他是云南人，清末在清军任过武职，受李六更行动所启发，乃购一锣，沿街敲打，与李六更"戮力同心，誓死救国"。① 这两位一南一北的老人，以一梆一锣的敲击，生动地说明当时昆明反帝爱国运动的深入人心。李六更、苗七锣的故事，在当时昆明是家喻户晓的。

学生们抵制日货的坚决行动获得了各界人士的支持。国民大会、总商会等团体以及海关当局与学生爱国会进行了不同程度的合作。1919年7月25日，再次召开有一千余人参加的国民大会。这次会议的中心议题就是筹商抵制日货的具体办法。大会作出了抵制日货的决议书，规定凡超过同年9月限期未能处理之日货，一律焚毁。后来，国民大会、总商会、学生爱国会把各商店自动交来或清查出来的日货运往南校场和金碧公园当众焚毁。

由于国民大会的倡导，云南总商会的支持，云南学生爱国会的积极行动，各行业工人的配合，昆明抵制日货运动收到了明显效果。"此次抵制日货，维持了一年多之久，执行非常认真，如最主要的日本棉纱，民国九年（1920年）全年的进口总数，只有民国八年（1919年）上半年进口总数的十分之一。这很少的数量，几乎全是外商运来的。直到民国十年（1921年），这风潮才渐渐平息了。"②

1920年"五九"国耻日，昆明又召开了"国耻"万人群众大会，学生们将日货陈列在主席台上，会后运至南校场销毁。全市中等学校宣布罢课一周，举行游行示威。学生爱国会还提出："自己的事，还是自己来做，靠人

---

① 《义声报》1919年10月24日。
② 万湘澄：《云南对外贸易概观》，新云南丛书社1946年版，第104—105页。

是靠不住的。""既知卖国政府是靠不住的,为什么不把它推翻呢!"① 学生们的激进行为,已经提出了"推翻"政府的革命要求。同月,商界也曾举行局部罢市活动。1920年5月以后,昆明大规模的群众斗争才逐渐告一段落,转入新文化运动的传播阶段。

三、新文化在云南的传播

新文化的传播和发展,是五四运动不可分割的组成部分。新文化运动的兴起,在五四前夕已经开始,一般认为,新文化运动兴起是以《新青年》杂志的创办为标志的。而《新青年》是1915年9月创刊的。原名《青年杂志》,后改名《新青年》。《新青年》提出两个口号,一曰民主,一曰科学。即"德先生"(民主)和"赛先生"(科学),认为这是"救治"中国的药方。此后宣传新文化的报刊,像雨后春笋般兴起。

在云南,新文化运动的开端,应当以1917年创刊的《尚志》杂志与1918年创刊的《救国日刊》为标志。而在五四以后,宣传新文化的刊物蓬勃兴起。根据《云南书目》②的记载,从民国元年(1912年)到二十五年(1936年)间,昆明地区先后出版的报纸刊物达81种之多,其中五四以后几年创办的报刊,占总数的一半以上。而另有记载,仅1919年至1924年昆明地区出版的报刊就有68种之多。又有人统计1915年至1925年间,昆明出现的报刊达112种之多。③ 这些报刊大多是以宣传新文化为其主要内容的。《救国日报》、《均报》副刊《学镜》等主要讨论社会问题和学术问题。有些报刊还曾转载《新青年》《每周评论》的文章。

同时,新书籍也大批涌入,其中有《共产党宣言》《政治经济学批判》

---

① 《义声报》1920年5月8日。
② 李小缘:《云南书目》,1938年版,云南人民出版社1988年再版。该书目搜罗有关云南的中外论著、报刊、舆图等达3000多种。
③ 《云南通史》第六卷,中国社会科学出版社2011年版,第24页。

《剩余价值论》《哲学的贫困》《反杜林论》《费尔巴哈论》《国家与革命》《帝国主义论》以及一些介绍马克思主义的书籍，如《社会主义史》《共产主义ABC》。为适应这种变化，昆明出现了专门经营新书的书店，如亚新书店、日新书店、觉民书社。

青年知识分子还通过演戏、办夜校等活动宣传新思想文化。白话文化运动也兴起了。《救国日报》《义声报》《滇声报》都使用了白话文。中学国文教员徐嘉瑞、刘尧民用白话文教学，编写白话文的教材。

在新文化运动中，马克思主义也开始在云南传播，并且组织了宣传马克思主义学说的社团。1920年，云南青年杨青田、柯仲平等21人组织了社会主义研究团体"大同学会"。大同学会是秘密团体，以研究社会主义学说、改造社会为宗旨。这是五四后云南出现的第一个社会主义小组。

大同学社成员中不少人后来外出升学，分别前往北京、上海、南京等地就学。到北京的王复生、王德三、杨青田相继加入中国共产党，并于1925年组织了云南革新社（后更名新滇社）；而在南京的云南同学组织了"旅陵社"。留在云南的李国柱等人，于1924年冬成立了云南青年努力会，成为云南青年继大同学会之后在云南的又一进步青年群众组织。这些组织的成员，有相当一部分后来加入了中国共产党。到1926年，云南省内终于出现了中国共产党地方组织，云南的革命面目焕然一新。

昆明的五四运动在云南历史上具有重大意义，它对云南后来历史的发展有着深刻影响。它既是一次爱国运动，又是一次新文化运动；是一次政治上的革命，也是一次文化上的革命。回顾百年前的昆明五四运动，至今令人难忘。

祖国西南边陲的昆明响应五四运动，无论其规模之大和影响之深以及持续时间之长，在全国响应五四运动的城市中，都是可以排在前列的。因此，应给予昆明在五四运动中的作用以较高的历史地位和评价。

（作者系云南民族大学教授）

西南联大历史上的五四纪念活动

李红英　王浩禹

西南联大，全称为国立西南联合大学，是抗战时期为保存中华民族教育与文化命脉，由北京大学、清华大学、南开大学在昆明合组而成。联大八年办学，大师云集、名家荟萃，为中国乃至世界培养了大批栋梁之才，以育才报国、学术报国的气概，谱写了一曲崇高的爱国主义精神和民族主义精神的赞歌，在世界反法西斯战争及中国抗日战争史上均写下了光辉的篇章，创造了中外教育史上的奇迹，在海内外享有盛誉。

八年间，西南联大不仅有优良的教风学风，更具有光荣的革命传统。联大学生受到的教育，不仅来自课堂学习，而且来自极富感染力的课余生活，特别是联大的爱国民主运动。在国难当头之际，联大青年们为国家民族的救亡图存振臂高呼，在时代潮流中不断追求、奋进，西南联大成了大后方爱国民主运动的重要策源地，赢得了"民主堡垒"的光荣称号。很多青年学子为此走上革命的道路，为民族的解放和新中国的诞生做出了重要的贡献。

在西南联大的历史上，有诸多值得纪念的日子，其中，五四纪念可谓深入联大人心。组成联大的北京大学、清华大学、南开大学都有着优良的革命传统，在五四运动中，三校均作为重要阵地。其中，北京大学还是五四运动的策源地。西南联大也继承了五四光荣传统，并不断发扬之。

西南联大办学始于 1938 年 5 月 4 日，终于 1946 年 5 月 4 日，八年之间，共举行过八次纪念五四活动，且每次的纪念活动都有特点。

西南联大纪念碑碑文（局部）

1938 年

1938 年 5 月 4 日，西南联大正式开课。这天，正值五四运动十九年，也是抗日战争全面爆发后的第一个五四纪念日。

这天，刚从长沙风尘仆仆集中到联大蒙自分校的师生们在蒙自中学礼堂举行了隆重的纪念活动。朱自清、罗常培、钱穆等作了演讲，会上通过了《西南联大蒙自分校北大同学告全国同胞书》，意在阐发五四的意义和价值，表达继续发扬五四精神和抗战到底的决心，在全面抗战中"完整地建设起一个新的、光明的中国"。联大师生的五四宣言，振聋发聩，振奋民心，由云南响彻祖国大江南北，在边陲的云南播下了五四精神的火种。

1938年联大蒙自分校五四纪念大会和开学典礼后中文系部分师生合影

1939 年

  1939 年，联大的新校舍尚未建成，无法举办全校集会，但学生们纪念五四的热情不减。5 月 4 日晚，联大学生自治会与云南大学等昆明大中学生举行火炬游行。游行队伍由云南大学出发穿过市区的华山南路、正义路、金碧路、得胜桥、护国门、穿心鼓楼，沿途学生们高唱抗战歌曲，激情澎湃。联大学生与全市大中学生一道，紧密团结在一起，促进了五四精神在云南的传播，传递青年的力量和决心。

抗战时期的金马碧鸡坊

1940 年

1940 年是联大在昆的第三个年头。这一年,联大举行了盛大隆重的纪念活动。

早在 4 月 22 日,便组织筹备会,作出决议:在新校舍大食堂举行纪念会;通电声讨汪逆;举办学生献金劳军;出版青年特刊和青年壁报;印刷青年手册;举行青年座谈会;举行论文及演讲比赛和各种球赛;举行火炬游行;举行盛大同乐会等活动。

5 月 4 日,联大如期在新校舍举行了"五四青年节纪念大会",梅贻琦演讲《纪念五四之意义》,继由蒋梦麟演讲《五四与青年运动》,讲辞诚挚,同学莫不振奋。

西南联大校门两侧看时事壁报的人群

1941 年

1941 年,受"皖南事变"的影响,根据中共中央南方局和云南省工委的指示,西南联大党组织实行转移和疏散,五四纪念活动受到了一定程度的影响。这年联大的五四纪念活动主要是举行运动会,并在新校舍图书馆举行了音乐大会。

1942—1943 年

1942 年和 1943 年的联大五四纪念活动,基本上和 1941 年一样。

西南联大图书馆

1944 年

1944年，西南联大地下党的活动得到恢复和发展，进步力量发展壮大，五四纪念活动如火如荼进行，纪念内容和形式增多，爱国民主运动呈现新的热潮。

5月3日，西南联大为纪念五四，特举行座谈会、演讲会及体育表演。历史学会当晚在南区十号教室举行座谈会，对"五四运动的历史认识"进行讨论，并请张奚若、周炳琳、闻一多、曾昭抡、雷海宗、吴晗、郑天挺、潘光旦等教授出席指导和发言。教授们肯定了五四运动的历史功绩和意义，表达了继承五四精神的意愿，并希望同学们继往开来，进一步关心政治、经济。最后，同学们还讨论了有关国家青年节的问题。参会者很多，连窗外都站满了人，下大雨也不肯离去。

西南联大新校舍

5月4日，联大放假一天，校园空前热闹起来，纪念活动很多。上午，联大图书馆开会纪念五四，梅贻琦讲话，要求学生牢记"国家兴亡，匹夫有责"，并请参加过五四运动的周炳琳来报告五四运动经过。周教授在演讲中勉励学生要有自觉的责任心、独立的见解、自由的人格，立定志气促进国家进步和复兴。下午，举行全校运动会。

晚上，文艺壁报社在南区十号举行文艺晚会，请李广田演讲《五四运动的意义与影响》；罗常培演讲《五四前后新旧文体的辩争》；冯至演讲《新文艺中诗歌的收获》；朱自清演讲《新文艺中散文的收获》；沈从文演讲《新文艺中小说的收获》；闻一多演讲《新文艺与文学遗产》；杨振声演讲《新文艺的前途》。一时，南区十号教室里里外外都是人。

5月8日，再开文艺晚会，由罗常培、闻一多主持，除原有演讲题目外，还增加了孙毓棠演讲《谈谈现代中国戏剧》，卞之琳演讲《新文艺与西洋文学的关系》，闻家驷演讲《中国的新诗与法国文学》。多达三千人参加了演讲会。这次活动把联大的爱国民主运动推向了高潮。

西南联大图书馆前大草坪

1945 年

1945 年，在世界反法西斯战争和中国人民抗日战争即将取得胜利的前夕，联大民主运动高涨，五四纪念活动空前活跃。

4月28日，联大发布了将举办五四纪念周的消息：自5月1日至5月7日止，在此七天中，预定有营火会、文艺晚会、音乐晚会、诗歌晚会、时事座谈会、青年运动问题座谈会、火炬竞走、球赛、美术展览、壁报十大活动。

4月30日，联大学生自治会举行了科学晚会。与会的曾昭抡、李继侗强调了民主和科学是五四运动的两面旗帜。

5月1日,西南联大、云南大学、中法大学、英语专科学校学生自治会联合举办了音乐晚会,地点在云南大学至公堂。联大"高声唱"歌咏队与昆明歌咏团共同演出了《黄河大合唱》。会场上歌声和掌声交错呼应,冲击了每个听众的心灵。

学生在出壁报

"高声唱"歌咏队部分队员合影

当晚,联大新诗社诗歌朗诵会在东食堂进行。闻一多、朱自清、光未然等及同学千余人参加朗诵会,最精彩者有《实业计划》《讽刺诗》等。尤以闻一多朗诵的《大堰河》，光未然朗诵的《民主在欧洲旅行》及《火把》三首长诗最深刻动人，每念完一节，即博得全场雷鸣般的掌声。

5月3日晚，联大历史学会在东食堂举行"五四以来青年运动总检讨会"，与会者三千多人。大会先由李晓主持，历史系学生代表许寿谔报告五四以来青年运动的经过。闻一多、曾昭抡讲话指出五四运动的价值和意义，最后吴晗演讲《论五四运动》。吴晗以昔日五四的情形对照今日的情况，指出今日青年要更勇敢、更进步，完成五四未完成的任务。

1945年5月4日昆明学生响应中共七大号召，在云南大学广场上举行集会。图为闻一多在大会上讲话

5月4日，联大纪念活动内容丰富，形式多样。下午，西南联大、云南大学、中法大学、英语专科学校四校自治会，在云南大学广场联合举行纪念五四大会。闻一多、潘光旦、潘大逵、曾昭抡、吴晗等出席了大会。到会者还有中学生、职业青年、新闻记者及盟国友人，共六千余人。

吴晗在西南联大集会上发表演讲

会上，正当吴晗、潘大逵演讲时，天公不作美，下起了雨，有不少人到树下避雨，会场秩序受到很大的干扰，闻一多见此状，乃走上讲台，大声疾呼："武王伐纣誓师时也下起大雨。武王说，这是'天洗兵'。今天，也是'天洗兵'……是青年的都过来！是继承五四血统的青年都过来……这雨算得什么雨，雨，为我们洗兵！"与会者又全部聚回来，非常鼓舞人心。会上通过了"昆明各大中学校'五四'纪念大会通电"，强调：当前的任务是废除独裁专政，召开国是会议，组织联合政府。

1945年，昆明大中学师生在云南大学草坪上
集会纪念五四，闻一多在大会上讲"天洗兵"

会后，转入五四大游行，人们高呼"立即结束国民党独裁专政""建立联合政府""取消特务"等口号。游行队伍经过了昆明的主要街道，宣传了中国共产党的诸项主张。

下午，联大举行了全校三千余人的大聚餐。闻一多、雷海宗、曾昭抡、潘光旦等席地而坐，和同学们围在一起。晚上，体育会在图书馆前举行火炬竞走活动，三十四位队员举着火炬接力竞走，男女队第一、二名分别获得了闻一多、马约翰题写的"民主火种""巍巍青年"的锦旗。

1945年的五四游行

5月5日，联大国文学会、外文学会、昆明文协、中法文史学会等，在联大新校舍大草坪联合举行第一届五四文艺节纪念大会。对于新文艺诸问题，与会的联大教授都作了发言。罗庸演讲《五四以来中国文学史研究工作的发展》，李广田演讲《文艺的普及和提高》，闻一多演讲《艾青及田间》，闻家驷演讲《艺术与人生》。

1945年的五四纪念周联大校门两侧民主墙上壁报达到30多种。整个五四纪念活动内容多，形式多样，持续时间长，推动了西南联大的爱国民主运动的蓬勃发展。

1946 年

1946年5月4日，西南联大在新校舍图书馆举行结业典礼，同时，宣告联大结束，并从即日起分批离昆北返。由于忙于返校事务，西南联大没有举行五四纪念活动，但联大部分教授和学生参加了在云南大学至公堂举行的青年运动检讨会。闻一多在会上作了发言，与学生们讨论了青年运动的任务、民主革命的意义、知识分子的阶级属性、政治斗争的组织问题等。

而在此前，5月3日，李广田、朱自清、闻家驷、闻一多出席了由昆明学联和文协举办的纪念五四的"人民文艺的道路"文艺晚会，会上他们分别作了《从小说说起》《诗歌朗诵》等演讲。最后，闻一多总结，他着重指出"光明在人民身上，我们要向人民学习""去建立人民的文艺"。

近代的中国，历尽苦难。联大的师生，联大的青年，在国家民族生死存亡之际，将个人命运与国家的命运紧密结合，为民族复兴而奋进，在中华民族发展的道路上勇往直前。西南联大的五四纪念活动，对联大人品格的塑造和爱国精神的培养产生了深远的影响，爱国、进步、民主、科学的五四精神，已深深融入了联大精神之中。

回顾西南联大历史时期的五四纪念活动，触摸这段温热的历史，不仅是为了纪念，更是为了传承。一代人有一代人的使命，新时代的青年，自当接过前辈手中的火炬，为实现中华民族的伟大复兴而奋力前行。

（作者李红英系云南师范大学西南联大博物馆馆长；王浩禹系云南师范大学西南联大博物馆助理研究员）

五四精神在新时代的传承和发扬

孙国昌

一百年前的今天即 1919 年 5 月 4 日,在中国大地上,爆发了一场轰轰烈烈的彻底反对帝国主义反对封建主义的爱国运动,这就是伟大的五四运动。2019 年,是五四运动 100 周年,是中华人民共和国成立 70 周年,是中国青年节 70 周年。① 中国特色社会主义进入新时代,传承和发扬伟大的五四精神,具有重大的现实意义。

一、五四运动孕育着五四精神

伟大的五四爱国运动孕育着伟大的五四精神,五四运动和五四精神在政治、社会、文化、思想等诸方面,对中国近当代都产生了极其深远的影响,具有重大的历史意义和现实意义。

五四运动是中国近代史上空前广泛的彻底反对帝国主义和封建主义的爱

---

① "一九三九年三月,陕甘宁边区的青年组织规定以五月四日为中国青年节。那时国民党在广大青年群众的爱国高潮的压力下,也同意了这个规定。后来国民党畏惧青年学习五四的革命精神,觉得这个规定很危险,又改定以三月二十九日(一九一一年在广州起义中牺牲后来葬在黄花岗的革命烈士的纪念日)为青年节。但在共产党领导的革命根据地内则继续以五月四日为青年节。中华人民共和国成立以后,中央人民政府政务院在一九四九年十二月正式宣布以五月四日为中国青年节。"(摘自《毛泽东选集》第 2 卷,第 569 页)

国运动。运动初期主要以高校青年学生为先导，后来逐渐发展成为以工人阶级为主要力量，有城市小资产阶级和民族资产阶级参加的全国规模的反帝反封建的爱国运动，这在中国近代史上还是第一次。在五四运动中，中国工人阶级第一次以独立的政治力量登上历史舞台，发挥了决定性和主力军作用，充分表现出中国工人阶级的政治坚定性、组织性和革命的彻底性，成为中国革命的领导力量。毛主席在纪念五四运动20周年时就强调："中国民主革命的完成依靠一定的社会势力。这种社会势力是：工人阶级、农民阶级、知识分子和进步的资产阶级，就是革命的工、农、兵、学、商，而其根本的革命力量是工农，革命的领导阶级是工人阶级。如果离开了这种根本的革命力量，离开了工人阶级的领导，要完成反帝反封建的民主革命是不可能的。"①

五四运动促进了马克思列宁主义在中国的广泛传播，促进了马克思列宁主义与中国工人运动相结合，从思想上、理论上和组织上为中国共产党的成立做了准备。五四运动爆发在俄国十月革命之后，十月革命一声炮响，为中国送来了马克思列宁主义。"在中国的民主革命运动中，知识分子是首先觉悟的成分。"② 五四运动中，一批具有初步共产主义思想的知识分子认识到工人阶级力量的伟大，积极投身到工人运动中宣传马克思列宁主义，促进马克思列宁主义与工人运动相结合，为中国共产党的成立奠定了基础。"在这个历史大潮中，一个以马克思主义为指导、一个勇担民族复兴历史大任、一个必将带领中国人民创造人间奇迹的马克思主义政党——中国共产党应运而生。"③ 五四运动使得中国民主革命的领导阶级和指导思想都发生了重大变化，从此，中国革命由旧民主主义革命转变为新民主主义革命。

五四运动既是一场反帝反封建的政治运动，又是一场反帝反封建的思想

---

① 毛泽东：《五四运动》，《毛泽东选集》第2卷，第559页。
② 毛泽东：《五四运动》，《毛泽东选集》第2卷，第559页。
③ 习近平：《在纪念马克思诞辰200周年大会上的讲话》。

解放运动和新文化运动。五四运动之所以是一场深刻的思想解放运动和新文化运动，是因为其以彻底的批判精神从思想上动摇了帝国主义和封建主义的统治。伟大的五四运动孕育着伟大的五四精神——爱国、进步、民主、科学。"在当时，爱国，首先是争取民族独立、维护国家主权和领土完整，反对帝国主义的奴役和封建军阀政府的卖国行径；进步，首先是反对阻碍民族独立和人民解放的一切腐朽没落的东西，推动中国社会向前发展；民主，首先是推翻专制独裁的旧制度，实现最广大人民的解放和民主、自由；科学，首先是探索指导中国人民根本改变受奴役、受压迫地位的科学真理和发展道路。"① 毛泽东同志对五四运动时期的文化革命给予极高评价："五四运动所进行的文化革命则是彻底地反对封建文化的运动，自有中国历史以来，还没有过这样伟大而彻底的文化革命。当时以反对旧道德提倡新道德、反对旧文学提倡新文学为文化革命的两大旗帜，立下了伟大的功劳。"②

"五四精神的核心是伟大的爱国主义。五四运动所体现的爱国主义精神，是中华民族百折不挠、自强不息的民族精神的生动写照。这种历久弥新的伟大爱国主义精神，是我国几千年来发展和进步的重要力量源泉。所有的中华儿女都应万分珍视、大力弘扬这个宝贵的精神财富。"③ 五四运动和五四精神告诉中国人民：反帝反封建是中华民族救亡图存的必由之路；爱国、进步、民主和科学，是中华民族复兴的精神支柱；确立马克思列宁主义为指导思想，走社会主义道路，是中华民族救亡、复兴、图强的唯一选择，只有社会主义才能救中国。

二、新时代五四精神的传承和发扬

"经过长期努力，中国特色社会主义进入了新时代，这是我国发展新的

---

① 胡锦涛：《在五四运动八十周年纪念大会上的讲话》。
② 毛泽东：《新民主主义论》，《毛泽东选集》第2卷，第700页。
③ 胡锦涛：《在五四运动八十周年纪念大会上的讲话》。

历史方位。"① 新时代最本质的特征就是中华民族实现强起来的时代,我们要在全面建成小康社会的基础上,分两步走,在本世纪中叶把我国建成富强民主文明和谐美丽的社会主义现代化强国,实现中华民族伟大复兴的中国梦。这是我们在本世纪中叶的奋斗目标,以后还有更宏伟的目标,国家更强盛,人民生活更美好,对世界做更多贡献。"青年兴则国家兴,青年强则国家强。青年一代有理想、有本领、有担当,国家就有前途,民族就有希望。中国梦是历史的、现实的,也是未来的;是我们这一代的,更是青年一代的。中华民族伟大复兴的中国梦终将在一代代青年的接力奋斗中变为现实。"② 在历史重任面前,中国一代代青年,要高举马克思主义的旗帜,高举五四爱国主义精神的旗帜,不怕困难,艰苦奋斗,勇于创新,顽强拼搏,坚持改革开放,要以国家富强、人民幸福、实现中华民族伟大复兴为己任,积极投身中国特色社会主义伟大实践,并为之奋斗终生。

传承和发扬五四精神,实现中华民族伟大复兴,就必须坚定正确的政治方向。政治方向问题是一个国家、一个民族的根本问题,也是一代代青年的根本问题,它决定一个国家、一个民族的前途和命运。习近平新时代中国特色社会主义思想,是马克思主义基本原理与中国具体实际相结合的又一次飞跃,是21世纪中国的马克思主义,是马克思主义中国化最新成果,为发展马克思主义做出了中国的原创性贡献,在马克思主义中国化进程中具有里程碑意义。要使我国青年坚定正确的政治方向,要始终坚持用习近平新时代中国特色社会主义思想武装教育青年,大力开展"青年大学习""青年马克思主义者培养工程"等工作,使广大青年牢固树立"四个意识",培养"四个自信",坚定不移确立马克思主义的指导地位,坚定不移听党话跟党走,坚定不移走中国特色社会主义道路,"中国特色社会主义最本质特征是中国共产

---

① 习近平:《决胜全面建成小康社会 夺取新时代中国特色社会主义伟大胜利》。
② 习近平:《决胜全面建成小康社会 夺取新时代中国特色社会主义伟大胜利》。

党领导，中国特色社会主义制度的最大优势是中国共产党领导"。①

　　传承和发扬五四精神，实现中华民族伟大复兴，就必须做到爱国、爱党、爱人民，爱国、爱党、爱人民三者高度统一不可分割。"爱国主义是中华民族精神的核心，爱国主义精神深深植根于中华民族心中，是中华民族的精神基因，维系着华夏大地上各个民族的团结统一，激励着一代又一代中华儿女为祖国发展繁荣而不懈奋斗。"② 中国梦，中华民族伟大复兴，是当代中国爱国主义的最鲜明主题。"中华民族迎来了从站起来、富起来到强起来的伟大飞跃! 中国特色社会主义迎来了从创立、发展到完善的伟大飞跃!"③ 这一切都是在中国共产党的坚强领导下实现的，没有中国共产党就没有新中国，就没有今天繁荣富强的中国，就没有人民今天美好生活，就没有今天完善成熟的中国特色社会主义制度，中国历史证明：只有共产党才能救中国。国家和人民是一个统一整体，爱国就是爱人民，爱国就要时时想到国家，处处想到人民，把自己植根于人民之中，投身于中国特色社会主义伟大实践中去，向人民学习，全心全意为人民服务。坚持爱国和爱党、爱人民、爱中国特色社会主义相统一，是当代中国爱国主义的本质。

　　传承和发扬五四精神，实现中华民族伟大复兴，就必须坚持改革开放，就必须脚踏实地努力学习建设国家的真本领，就必须在各自的工作岗位上敬岗敬业，艰苦奋斗，勇于创新，为实现中国梦奉献智慧和力量。"建设社会主义现代化强国，发展是第一要务，创新是第一动力，人才是第一资源。希望广大青年珍惜大好学习时光，求真学问，练真本领，更好为国争光、为民造福。"④ 不同工作岗位都是祖国复兴大业中的有机组成部分，是每个青年奋

---

① 习近平：《决胜全面建成小康社会　夺取新时代中国特色社会主义伟大胜利》。
② 习近平：《在十八届中央政治局第二十九次集体学习时的讲话》，2015 年 12 月 30 日。
③ 习近平：《在庆祝改革开放 40 周年大会上的讲话》。
④ 习近平：《在北京大学师生座谈会上的讲话》，2018 年 5 月 2 日。

斗的战场，爱国不能停留在口号上，要体现在行动上，要把自己从事的工作和民族复兴与国家发展紧密联系在一起，脚踏实地、敬岗敬业，把人生的理想和奋斗，融入国家和民族的复兴大业中去，勇做奋进者、开拓者、奉献者，使自己成为祖国建设的有用之才、栋梁之材。

  伟大领袖毛主席对青年一代寄予厚望，他的教诲，激励着一代又一代中国青年："世界是你们的，也是我们的，但归根结底是你们的。你们青年人朝气蓬勃，正在兴旺时期，好像早晨八九点钟的太阳。希望寄托在你们身上。"①

（作者系云南民族大学教授）

---

① 毛泽东：《在莫斯科大学接见中国留学生时的讲话》，1957年11月17日。

继承和发扬五四光荣传统
学习和实践当代马克思主义

王石琦

2019年5月4日,是五四运动一百周年纪念日。在五四运动中,英勇地出现于斗争先头的是青年学生群众,他们起了先锋作用,充分显示了伟大的革命精神和力量。为了使青年继承和发扬这个光荣的革命传统,中央人民政府政务院于1949年12月正式宣布以五月四日为中国青年节。

一百年前,在俄国1917年十月革命的影响下,1919年5月4日,北京爆发了以青年学生为主体的反帝、反封建的爱国民主运动,也是一次伟大的政治运动和文化运动,史称五四运动。这次运动,取得了重大胜利。毛泽东曾说过:"五四运动的杰出的历史意义,在于它带着为辛亥革命还不曾有的姿态,这就是彻底地不妥协地反帝国主义和彻底地不妥协地反封建主义。"① "启导广大人民的觉悟,准备革命力量的团结,这是五四运动最伟大的功绩。"② 五四运动是中国革命史上具有划时代意义的事件,它标志着中国新民主主义革命的伟大开端,它促成了马克思主义同中国工人运动的结合,为中国共产党的诞生做了思想上和干部上的准备。

---

① 《毛泽东选集》第2卷,第699页。
② 张闻天:《中国现代革命运动史》,中国人民大学出版社1987年版,第133页。

一、五四运动与马克思主义

1917年十月革命一声炮响,为中国送来了马克思列宁主义,给苦苦探寻救亡图存出路的中国人民指明了前进方向,提供了全新选择。五四运动前后,中国的先进分子经过反复的比较、推求,选择了马克思主义的科学社会主义。如李大钊(1889—1927)是中国最早的马克思主义者,中国共产党的创始人之一。1918年任北京大学图书馆主任兼教授,《新青年》杂志编辑,由他主编的《马克思研究专号》发表了《我的马克思主义观》一文,对马克思主义作了较为全面系统且较为确切的介绍。他还创办《每周评论》,宣传新文化运动,发表了《庶民的胜利》《布尔什维主义的胜利》等讲演和论文,歌颂十月社会主义革命的胜利,1919年他积极支持和领导了五四运动。毛泽东(1893—1976)从青年时就开始革命活动,组织新民学会,创办《湘江评论》,热情歌颂十月革命的胜利,认为这个胜利必将"普及于世界""我们应该仿效"。他第二次到北京时,热心搜寻并阅读中文本的共产主义书籍和关于俄国十月革命的书籍,建立起对马克思主义的信仰。他后来回忆说:"到了1920年夏天,在理论上,而且在某种程度的行动上,我已成为一个马克思主义者了。"他努力学习和传播马克思列宁主义,1919年参加五四运动,1921年7月,代表湖南共产主义小组,到上海出席中国共产党第一次全国代表大会。其他著名的学生领袖,如邓中夏、蔡和森、周恩来等也先后走上革命道路。

五四运动中的先进分子传播马克思主义,接受马克思主义,使新文化运动发展为马克思主义思想运动;运动从知识分子开始,发展为以工人阶级为生力军,包括城市小资产阶级和民族资产阶级参加的全国范围的革命运动。近代中国新崛起的工人阶级在五四运动中一登上政治舞台,就显示出巨大的力量和革命的彻底性,成为中国民主革命的领导阶级。马克思主义在中国的广泛传播和工人运动的蓬勃兴起，为中国工人阶级先锋队的诞生奠定了思想基础和阶级基础。

二、学习和实践马克思主义，学习和实践 21 世纪中国的马克思主义

1921 年 7 月，"一个以马克思主义为指导，一个勇担民族复兴历史大任，一个必将带领中国人民创造人间奇迹的马克思主义政党——中国共产党应运而生"。中国共产党人把马克思主义基本原理同中国革命、建设和改革开放的具体实际结合起来，实现了中华民族从东亚病夫到站起来的伟大飞跃和从站起来到富起来的伟大飞跃，现在又迎来了从富起来到强起来的伟大飞跃。"实践证明，马克思主义的命运早已同中国共产党的命运，中国人民的命运，中华民族的命运紧紧连在一起……"马克思主义的科学性和真理性、人民性和实践性、开放性和时代性在中国得到了充分的检验、贯彻和彰显！"实践还证明，马克思主义为中国革命、建设和改革提供了强大思想武器，使中国这个古老的东方大国创造了人类历史上前所未有的发展奇迹。历史和人民选择马克思主义是完全正确的，中国共产党把马克思主义写在自己的旗帜上是完全正确的，坚持马克思主义基本原理同中国具体实际相结合，不断推进马克思主义中国化时代化是完全正确的。"

继承和发扬五四运动的光荣传统，首要的就是学习和实践马克思主义。习近平总书记《在纪念马克思诞辰 200 周年大会上的讲话》中，明确指出了学习马克思，要学习和实践马克思主义思想理论中九大方面的内容，我们应认真领会、学习和贯彻。

在五四运动一百年后的今天，我们国家已进入建设中国特色社会主义新时代，学习马克思主义，首要的就是要认真学习习近平新时代中国特色社会主义思想（以下简称"新思想"）。新思想与马克思主义一脉相承，是马克思主义中国化现代化的最新成果。新思想坚持马克思主义立场、观点和方法观察时代、解读时代、引领时代，秉承为人民大众谋利益，为全人类谋解放的马克思主义品格，提出一系列具有鲜明时代特点的新理念新思想新战略，对新时代坚持和发展中国特色社会主义做出历史性贡献。新思想深刻回答了新时代坚持和发展中国特色社会主义的基本问题，涵盖改革发展稳定、内政外交国防、治党治国治军等各个领域，是涵盖各方、内在一致、相互关联、发展开放的科学理论体系。新思想坚持和运用马克思主义基本原理，把历史和现实、理论和实践、国内和国际相结合相贯通，为开启全面建设社会主义现代化国家新征程，实现中华民族伟大复兴指明了方向，为世界发展提供了中国智慧、中国方案。新思想中"千家万户都好，国家才能好""绿水青山就是金山银山""坚决打赢脱贫攻坚战""精准扶贫"的思想等一系列重要论述，充满了对国家、对民族、对人民的热爱，体现出为民解忧、为民造福、家国天下的领袖情怀。新思想阐述了中国平等、包容、交流、互鉴的世界文明观，创造性地提出"一带一路"建设重大倡议，高瞻远瞩地提出构建人类命运共同体重要思想，体现出中国共产党人对历史和文化的礼敬，对世界文明的尊重以及放眼世界的情怀。

习近平新时代中国特色社会主义思想是当代中国马克思主义，是新时代最鲜活生动的马克思主义，也是21世纪的马克思主义。贯穿新思想的灵魂，就是辩证唯物主义和历史唯物主义。辩证唯物主义和历史唯物主义是马克思主义的世界观和方法论，是马克思主义全部理论的基石。方法论的价值在于指导实践，习近平总书记强调，"坚持以马克思主义为指导，最终要落实到怎么用上来"；"凡贵通者，贵其能用之也"。因此，也要重视学习马克思主义方法论，这是新思想的重要组成部分，包括战略思维、底线思维、系统思维、辩证思维、创新思维、历史思维、民本思维、法治思维等，都是蕴含在新思想中的科学方法论。而每一种方法论中，又包含许多具体的方法，它们丰富和发展了马克思主义方法论。

习近平新时代中国特色社会主义思想，内涵丰富，博大精深，我们要认真学、刻苦学、深入学、持久学、带着问题学、联系实际学，更好地把科学理论、思想转化为认识世界和改造世界的物质力量。

三、继承和弘扬爱国主义优秀传统

爱国主义是五四运动的光荣传统，更是中华民族千百年来巩固和发展起来的对自己祖国忠诚和热爱的历史传统。一百年后的今天，我们纪念五四运动，要继承和发扬爱国主义优秀传统。

爱国主义是一个历史范畴，在社会发展的不同阶段、不同时期有不同的具体内容。现阶段，我国建设中国特色社会主义进入了新时代，这是全体中华儿女戮力同心、奋力实现中华民族伟大复兴的时代。习近平总书记在党的十九大报告中谈到党和国家各项工作时，分别提出要弘扬中国精神、民族精神、时代精神、爱国精神、斗争精神、科学精神、永不懈怠精神、锐意进取精神、时不我待只争朝夕精神、钉钉子精神、企业家精神等充满时代感的一系列伟大精神，其目的就是为了激励全党同志和全国人民在新时代更好地为实现中华民族伟大复兴而奋斗。习近平总书记指出："实现中国梦必须弘扬中国精神""实现中华民族伟大复兴，是一场震古烁今的伟大事业，需要坚韧不拔的伟大精神。"这就是以爱国主义为核心的民族精神，以改革开放为核心的时代精神。新时代的爱国主义主要就是对社会主义祖国的忠诚和热爱，就是对中国共产党的忠诚和热爱，献身于建设中国特色社会主义事业和保卫社会主义祖国，以振兴中华为己任，促进民族团结，维护祖国统一，自觉报效祖国。

爱国是社会主义核心价值观的重要内容之一，也是社会主义精神文明的重要内容之一。爱国是一个公民起码的道德，也是调节个人与祖国关系的行为准则。正确处理国家、集体和个人三者利益关系，在社会主义制度下，这三者是紧密相连的，从根本上说是一致的。国家利益集中代表了劳动者整体的根本利益，是集体利益和个人利益的保证。在处理三者之间的矛盾时，要做到：国家的整体利益高于集体的局部利益；国家利益、集体利益高于个人利益；局部利益服从整体利益，个人利益服从国家和集体利益。

在新时代，弘扬爱国主义精神，同增强道路自信、理论自信、制度自信、文化自信结合起来，特别是同坚定文化自信辩证地统一于实现中华民族伟大复兴的实践中。以文化自信涵养爱国精神，以爱国精神支撑文化自信。自觉地学习和践行中国特色社会主义文化，用中华文化、中国特色社会主义文化丰润自我，成风化人。

五四运动也可以说是近代以来最大一次打开国门的思想解放运动，不仅接受、传播马克思列宁主义，也直接为中国共产党的成立在思想上和干部上做了准备，开启了中国新民主主义革命，导致后来中华人民共和国的成立。1978年"实践是检验真理的唯一标准"大讨论和党的十一届三中全会的胜利召开，是又一次思想大解放，开启了改革开放，直接导致了中国特色社会主义的出现。如今进入建设中国特色社会主义新时代，继续深化全面改革，不断扩大开放，中国人的视野更加宽阔，思想更解放，我们坚信，中华民族伟大复兴必将实现。

（作者系云南民族大学教授）

五四百年

张忠良

一百年前,列强辱华,国运飘摇,中国人身处亡国灭种的阴影中。在这危险之际,青年热血一辈,雄姿英发,慨然崛起,高举"德先生"与"赛先生"的大旗,向盘根错节统治中华大地几千年的封建势力宣战。为了国家和民族的未来,他们外御其侮,内争民主,尽情燃烧自己的青春。五四的根深植于爱国情操之沃土中,民主与科学是理想得以飞翔的翅膀,这也是一个勇敢探索、锐意创新的时代。当时,一群诚实的、进步的、劳动而奋进的青年,正是他们用自己激扬的青春,为中华民族的腾飞,吹响了黎明前的号角。

1915年,陈独秀等人在上海创办《青年杂志》(后改名为《新青年》),高举民主和科学大旗,开展了一场声势浩大的批判封建传统思想、道德和文化的新文化运动。在社会进步潮流的冲击下,一批先进知识分子开始寻找改造社会的新的思想武器,探索新的革命道路。1917年俄国十月社会主义革命的胜利,使他们看到了前途和希望。

1919年4月24日,梁启超从巴黎致电国民外交协会,发布归还青岛通电。4月29日至30日,巴黎和会代表参加会议,议定了凡尔赛和约关于山东问题的条款,会上英、法、美、日、意等列强无视中国的正义要求,将德国在山东的一切权益转交给日本。5月1日,中国谈判代表、外交总长陆征祥将中国外交失败的消息电告北京政府。北京政府外交委员会(总统府智囊机构）召开紧急会议，决定不签约。5月2日，北京政府以密电通知在巴黎的中国代表可以签约。外交委员会事务长林长民在《晨报》《国民公报》撰文呼吁："山东亡矣，国将不国矣，愿合四万万众誓死图之。"蔡元培将外交失败消息通报学生。5月3日，北京各界紧急磋商对策。当晚北京大学学生在北京大学法科礼堂召开学生大会，约请北京13所中等以上学校代表参加，大会决定于4日到天安门举行示威游行。5月4日上午10时，各校学生代表召开碰头会，商定了游行路线。下午1时，北京学生3000余人从四面八方汇集天安门举行示威游行，先至东交民巷，后去赵家楼胡同，火烧曹汝霖住宅，痛打了章宗祥。之后军警赶到，搜捕学生，被捕者共32人。5月5日，北京各大专学校总罢课。清华学生宣布"从今日起与各校一致行动"。5月7日，经蔡元培为首的校长团斡旋，被捕学生返校，学生复课。5月9日蔡元培秘密出走。5月19日，北京25000多名学生再次总罢课，并组织"护鲁义勇队"。6月3日，北京学生因政府为曹汝霖、章宗祥、陆宗舆辩护，举行大规模街头演讲，当日170多名学生被捕。次日，北京学生出动比3日多一倍的人数上街演讲，当日700多名学生被捕。6月5日，全国各大城市罢课、罢工、罢市，声援北京学生爱国运动。800余名被监禁的学生获释。6月10日，政府撤销曹汝霖、章宗祥、陆宗舆职务。6月23日，徐世昌会见山东各界代表，表示政府已电令陆征祥从缓签字。6月28日，中国全权代表陆征祥拒绝在凡尔赛对德和约上签字。赔款、割地，战败如此，战胜亦如此。西方列强的丑恶行径，打破了中国人民对帝国主义的幻想，引起中国人民极大的愤怒。

　　五四运动是中国现代史上一场最伟大的运动，它开启了伟大的启蒙之旅，从封建专制国家走向现代国家，由此起步。五四运动具有多方面的意义：

　　一、五四运动是一次伟大的反帝反封建运动、伟大的思想解放运动和新文化运动。五四运动自始至终一直把反对帝国主义列强，反对封建主义势力作为主题，顺应时代潮流，反映了人民意愿。五四运动推进了中华大地的思想解放和新文化运动。

二、五四运动促进了马克思主义在中国的传播。五四时期，中国面临亡国灭种的危机，中国面临向何处去，如何挽救民族于危亡中。现实告诉人们，学西方，靠西方行不通。走俄国人的道路成为了中国先进知识分子的共识。

三、五四运动为中国共产党的成立在思想上和干部上准备了条件，五四运动主要领导人陈独秀、李大钊均是新文化运动的发起者和倡导者，后来又领导了五四运动，他们最终成为了中国共产党的创始人和主要领导人。正是五四运动为中国共产党的成立在思想上和干部上准备了条件。

四、五四运动是我国从旧民主主义革命到新民主主义革命的转折点，中国民族资产阶级先天性的软弱动摇，决定了它不可能把资产阶级民主革命进行到底，十月革命的炮声宣告历史进入了无产阶级革命时代，在马列主义培育下，中国无产阶级队伍壮大，迅速登上政治舞台，以此为标志，宣告了旧民主主义革命结束，新民主主义开始。

五四百年，百年五四，五四是交响曲，五四是正义歌，是雄浑爱国的交响曲、前仆后继的正气歌。五四不朽！

（作者系云南民族大学教授）

弘扬五四爱国运动精神
决胜实现"中国梦"

——纪念五四爱国运动100周年

李庭荪

2019年5月4日,是五四爱国运动爆发整100周年。五四运动是中国近代史上具有重大深远意义的划时代的历史事件。它标志着中国新民主主义革命的开端。

五四运动爆发的直接导火线是旧中国黑暗的北洋军阀政府在巴黎和会上的外交失败。

五四运动的爆发,是近代中国政治、经济、文化等方面内部矛盾尖锐化斗争的结果;是中华民族与帝国主义列强、中国广大人民大众与封建军阀矛盾对立尖锐化斗争的结果。

五四运动高高地举起彻底反对帝国主义和封建主义的两面大旗,进行了不屈不挠的斗争,在全国范围内掀起了规模浩大、气势磅礴、有中国各族各界阶层人民大众参与的罢课、罢工、罢市,游行示威、抗议声讨,轰轰烈烈的爱国运动。

一面大旗是彻底反对帝国主义和封建主义压迫、掠夺、腐朽统治的大旗,提出废除外国在中国大地上的一切势力范围、一切特权,撤出外国在中国的所有军队;废除强加给中国人民的一切不平等条约,取消"二十一条",收回被日本夺去的德国在山东的一切权利,"还我青岛"等。

另一面大旗是彻底反对帝国主义和封建主义的新文化运动的大旗,提出"外争主义,内除国贼""拒绝在和约上签字",提倡民主、反对独裁专制,提倡科学、反对封建盲从等。

五四运动后,1921年7月,中国共产党在上海成立了。党一成立,就积极投身到实际的革命活动中去,肩负起领导中国人民进行反对帝国主义和封建主义的,谋求国家独立、民族解放、人民富裕、幸福美好的民族民主革命运动,即新民主主义运动。从此,中国人民谋求国家独立、民族解放、人民富裕的斗争,就有了主心骨。

党领导中国人民,经过了28年的艰苦奋斗,浴血奋战,终于打败了帝国主义,推翻了"三座大山",消灭了封建主义军阀的统治,成立了中华人民共和国。中国人民从此站起来了!

党又领导中国人民,进行了70年的社会主义建设,通过社会主义改造、社会主义建设、40年的改革开放,解决了13亿中国人的温饱问题,国民经济总体跃升为世界第二大经济体,不久后,将建成全面小康社会。中国人民从此富起来了!

今天,在纪念五四爱国运动100周年的时刻,我们深深地缅怀无数为国家捐躯,抛头颅,洒热血,前仆后继、英勇奋斗的英烈们。英烈们!你们的鲜血没有白流,你们的鲜血铸造了新中国的大厦,你们的不断英勇奋斗,换来了中华民族的伟大振兴,国家的独立,中国人民的幸福、美好、安康!

一、轰轰烈烈的五四爱国运动

第一次世界大战是帝国主义国家为重新瓜分殖民地、争夺世界霸权而进行的大规模战争。由于资本主义世界爆发经济危机和帝国主义国家发展不平衡,在欧洲形成了两大对立的军事集团。一方是以德、奥、意为首的集团,称为同盟国；另一方是以英、法、俄为首的集团，称为协约国。大战后，同盟国大败，协约国为战胜国。

第一次世界大战结束后，1919年1月，以美、英、法、日等为首的帝国主义国家，在巴黎召开"和平会议"。这次和会是在战争中取胜的几个强国把持下进行的。中国北洋军阀政府因战时参加协约国一方，属战胜国，也派代表出席，也应当享有战胜国的一切权利。中国代表在人民的压力下，向和会提出了希望帝国主义国家放弃在华特权，废除外国在中国的势力范围，撤退外国在中国的军队，取消"二十一条"，收回被日本夺去的德国在中国山东的一切权利等七项希望及换文陈述书等，遭到参加和会的美、英、日、意等为首的帝国主义国家拒绝。和会还决定在《凡尔赛和约》中明文规定德国应将在中国山东获得的一切权利转交给日本；和会给予中国的，只是归还八国联军入京时被德国夺去的天文仪器等而已。北洋军阀政府代表居然准备在这样的和约上签字。消息传回国内，激起了全国各阶层人民的强烈反对。

5月3日，北京大学和北京13所中等以上学校的学生代表举行集会，通过决议，致电巴黎中国专使，要求拒签和约。一个学生当场啮破中指，血书"还我青岛"四字。

5月4日，北京大学和北京十几所学校的学生3000余人在天安门前集会，举行游行示威。他们高呼"取消二十一条""还我青岛""诛卖国贼曹汝霖、章宗祥、陆宗舆"等口号（曹是订"二十一条"时外交次长，当时任交通总长；陆是订"二十一条"时驻日公使，当时任币制局总裁；章是当时驻日公使）。

游行示威队伍到东交民巷使馆区西口时被阻，就改道奔向赵家楼胡同曹汝霖住宅。学生们痛打了正在曹宅的章宗祥，遍寻曹汝霖不见，就放火烧曹宅。北洋军阀政府出动大批军警镇压学生，学生被捕者有32人。学生们不怕军警镇压、逮捕，为了营救战友，进行更大规模的抗议示威斗争，学生们团结起来，组织起来，成立了北京中等以上学校学生联合会。

5月5日，在学生联合会的统一领导下，北京25000多名学生，数十所学校举行总罢课。并通电全国表示声讨抗议。学生们还组成了众多的小组，出现在北京街头，宣传爱国演讲；开展抵制旧货，提倡使用国货等行动。

天津、上海、长沙、广州等全国各大中城市学校的学生纷纷响应，先后进行了游行示威、声讨、抗议、罢课，声援北京学生的斗争。在日本、法国等国的留学生，以及南洋华侨学生都进行了声讨、抗议的爱国运动。反动当局变本加厉、肆无忌惮地严厉镇压学生爱国运动。

6月3日至4日，学生们再次走上街头宣传演讲，演讲者"垂泪而道"，听众者则"掩面而泣"。反动当局又出动大批军警，四处追捕学生。第一天，学生被捕者170多人；第二天，又有学生700多人被捕；第三天，当2000多学生走向街头时，受到反动当局军警马队的冲撞袭击。反动当局先后逮捕北京学生上千人之多，激起了全国各族人民的更大愤怒。

中国工人阶级开始以独立的政治团体姿态登上政治舞台。从6月5日起，上海工人自动举行了声势宏大的声援北京学生斗争的大罢工，罢工工人约达六七万人。随后，北京、唐山、汉口、南京、长沙、九江、长辛店等全国各地的工人也纷纷响应，相继声援北京学生们的斗争，举行罢工。上海、北京和全国各地重要繁华城市的商人，也先后举行了罢市。斗争犹如熊熊燃烧的燎原烈火烧遍全国各地，涤荡着一切污泥浊水，蔓延扩展到20多个省，100多个城市，在全国范围内形成规模浩大、气势磅礴的，有知识分子、工人、商人、农民、民族资产阶级等全国各族各界各阶层人民大众参与的，罢课、罢工、罢市，游行示威、抗议声讨、救亡的、轰轰烈烈的爱国运动。

至此，五四运动发展到一个新阶段，即从学生知识分子开始，发展成为以工人阶级为主力军，包括城市小资产阶级和民族资产阶级参加的全国范围的革命运动——称六三运动。运动的中心由北京转移到上海，斗争的主力也由学生逐渐转向工人。

6月6日至10日，北洋军阀政府迫于全国人民的压力，不得不于6月10

日被迫释放被捕学生，并宣布罢免了曹、章、陆的职务。

6月28日，中国代表终于没有出席巴黎和会签约仪式，随后，也没有签约。

五四运动取得了初步胜利！

二、五四运动的重大历史意义

（一）启示了新民主主义革命的方向

"五四运动的杰出的历史意义，在于它带着为辛亥革命还不曾有的姿态，这就是彻底地不妥协地反帝国主义和彻底地不妥协地反封建主义。"①

五四运动和十月革命后，1922年7月，党的二大召开，大会认真分析了当时的中国经济、政治状况，揭示出中国社会的半殖民地半封建的性质。大会认为，党的最高纲领是实现社会主义、共产主义，但在现阶段的革命纲领应当是：打倒军阀；推翻国际帝国主义的压迫；统一中国使它成为真正的民主共和国。这是在中国的条件下，走向社会主义、共产主义的不可超越的一个阶段。党的二大，就这样旗帜鲜明地在全中国人民面前破天荒地第一次明确公开提出和制定了反帝和反封建的民族民主革命纲领，即新民主主义革命纲领。

（二）为中国共产党的成立做了思想上和干部队伍上的准备

"启导广大人民觉悟，准备革命力量的团结，这是五四运动最伟大的功绩。"②

在五四运动中，英勇地出现于斗争先头的是学生群众，他们起到了先锋的作用。中国工人阶级则以自己特有的组织性、纪律性和坚强的革命精神，

---

① 《毛泽东选集》第2卷，第699页。
② 张闻天：《中国现代革命运动史》，中国人民大学出版社1987年版，第133页。

成了运动后期的主力军。由于在斗争中看到工人阶级表现出来的伟大力量，"五四运动中有一部分学生领袖，就是从这里出发'往民间去'，跑到工人中去办工人学校，去办工会"。① 这些人后来成了中国共产党的早期骨干。

（三）马克思主义和社会主义思潮广泛兴起

五四运动前后，中国的先进分子从巴黎和会所给予的实际教训中，开始看出帝国主义列强联合压迫中国人民的实质，这是社会主义思想在中国进一步传播的主要原因。瞿秋白说："帝国主义压迫的切骨的痛苦，触醒了空泛的民主主义的噩梦。""所以学生运动悠然一变而倾向于社会主义。"② 研究和宣传马克思主义和社会主义逐渐成为进步思想界的主流，这是五四运动以后新文化运动的突出特点。

（四）诠释了民主和科学的含意

中国的先进分子在接受了马克思主义以后，并没有抛弃五四运动提倡的民主和科学精神，而是在马克思主义的指导下，赋予了它们以新的更加深刻的内容。民主不再是指狭隘的资产阶级民主，而是指大多数人的民主、劳动阶级为主体的民主。科学当然包括自然科学及研究社会发展规律和马克思主义的科学世界观、方法论和社会革命学说的科学。

三、弘扬五四爱国运动精神 决胜实现"中国梦"

习近平总书记多次指出，中国梦的本质是国家富强，民族振兴，人民幸福。这个梦想，把国家的追求、民族的向往、人民的期盼融为一体，体现了中华民族和中国人民的整体利益，表达了每一个中华儿女的共同愿景。

就当前而言，决胜实现"中国梦"就是要决胜实现"两个一百"的奋斗目标。党的十九大报告指出："从十九大到二十大，是'两个一百年'奋斗

---

① 《邓中夏文集》，第431页。
② 《瞿秋白诗文选》，第34、35页。

目标的历史交汇期。我们既要全面建成小康社会，实现第一个百年奋斗目标，又要乘势而上开启全面建设社会主义现代化国家的新征程，向第二个百年奋斗目标进军。"

决胜实现第一个百年奋斗目标，就是到 2020 年，中国共产党成立一百周年之时，在中国大地上，全面建成小康社会。

决胜夺取全面建成小康社会，已经到了最为关键的阶段，到了需要冲锋陷阵的时刻，到了需要一鼓作气、决战决胜的重要历史节点。习近平总书记指出："这个时跨本世纪头 20 年的奋斗历程到了需要一鼓作气向终点线冲刺的历史时刻。完成这一战略任务，是我们的历史责任，也是我们的最大光荣。"

让我们在习近平新时代中国特色社会主义思想的指导下，发扬五四运动革命精神，按照党的十九大部署，深入贯彻习近平新时代中国特色社会主义思想，统筹推进经济建设、政治建设、文化建设、社会建设、生态文明建设，努力提高社会主义物质文明、政治文明、精神文明、社会文明、生态文明的整体水平。坚定实施科教兴国战略、可持续发展战略、军民融合发展战略，推动经济社会文化生态持续健康发展，确保决胜全面建成小康社会，实现中华民族的伟大复兴。

（作者系云南民族大学教授）

浅析五四精神及培育当代大学生爱国主义情怀的路径

李雪章

2019年是五四运动爆发一百周年。回顾历史，五四运动无疑是中华民族在20世纪的诸多历史镜头中的一个"亮点"。而五四运动形成的五四精神，具有强烈的历史穿透力和时代感染力，成为我们中华民族宝贵的精神财富。当前，在全面建成小康社会的决胜阶段，如何用五四精神培育当代青年大学生，积极引导他们为实现中华民族伟大复兴的中国梦贡献自身的力量，具有重要的时代价值与意义。

一、五四精神的内涵及意义

众所周知，五四运动的导火索是北洋军阀政府在巴黎和会上外交的失败。从五四运动的整个历史事实来看，它发生于中华民族危难之际，存在于人们日益增长的对主权完整、国家独立、民族复兴的要求与旧中国积贫积弱、备受列强欺凌的落后现状之间的矛盾日益凸显的大背景下。它以新文化运动中涌现和传播的先进理念为运动的思想文化基础，以青年知识分子济世救民、兴国安邦的社会责任感为驱动运动发生的主体心理条件。五四运动的一个重要价值就体现在蕴含于五四运动中的精神特质，即五四精神。五四精神是五四运动青年主体精神面貌的反映,是我们对五四运动中青年所思所想、所作所为在精神品质层面上的凝练概括。

(一) 五四精神的内涵

五四精神包含着极其丰富的内涵。首先,它既包含着青年群体忧国忧民、为国奋斗的热忱情感,也包含着青年群体解放思想、勇于探索、敢于创新的品质。五四运动中青年学生作为一个进步群体和知识分子的一部分,其思想言行突出表现了一种以天下为己任、与家国共存亡的爱国主义精神,具体而言它包含着济世救民的社会责任、安邦兴国的伟大理想、国存自强的家国意识等内容,体现着个人命运与国家命运、个人前途与国家前途的有机统一。其次,它既有着先天下之忧而忧的内在基因,呈现为青年对国家民族命运的关注与自身时代责任的担当,又深受新文化运动的熏陶与影响,表现为人们对民主、科学、进步的渴望与追求。中国知识分子内心向来存有关乎家国与人文的双重使命感,"为大地立心,为生民立命,为往圣继绝学,为万世开太平"已然成为中国知识分子千百年来体内流淌不息的精神动能,而这种突出强调"国家兴亡,匹夫有责"的人格品质和理想追求也就成了中国知识分子具有最大公约数性质的价值取向与理想进路。

与此同时,五四精神中一以贯之的内核,则是以热爱国家的深厚情感和为国奉献、对国尽责的价值指向为基础的爱国主义精神。爱国主义精神作为五四精神的核心统摄着五四精神的其他组成部分。习近平总书记在第十二届全国人民代表大会第一次会议上指出,爱国主义精神是"凝心聚力的兴国之魂、强国之魂",是"把中华民族坚强团结在一起的精神力量"。[1]《爱国主义教育实施纲要》也强调开展爱国主义教育关系到"振奋民族精神,增强民族

---

[1] 习近平:《在第十二届全国人民代表大会第一次会议上的讲话》,《人民日报》2013年3月18日第1版。

凝聚力，树立民族自尊心和自豪感"。①

爱国主义是五四精神最关键的、最本质的东西。它是整个中国近现代的时代精神之一，是千百年来我国人民在社会实践中世代积累、演化、提炼、升华的对祖国深厚的感情和高度责任感，是我国人民千百年来筑就起来的坚不可摧的思想堡垒，是中华民族的优良传统。五四时期的先驱者们继承和发扬了这种爱国主义精神，使这次运动成为近现代以来中国人民发动的第一次彻底的反帝爱国运动。因此，新时代传承五四精神一定要抓住这个核心点。结合今天的实际，在全面建成小康社会的决胜阶段，切实传承五四精神的核心点，科学地把握时代特点，清醒地认识历史使命，这是新时期高扬爱国主义旗帜的关键。"爱国主义的具体内容，看在什么样的历史条件之下来决定。"②可见，爱国主义在社会发展的不同历史时期有不同的具体内容。

（二）五四运动的意义

五四运动是中国近现代历史上一件具有划时代意义的大事，它不仅拉开了新民主主义革命的序幕，也为中国共产党的成立奠定了阶级基础。五四运动以后，爱国主义的火种播撒向中华大地的每一个角落，整个民族的爱国热情与关切国家兴亡的责任心被迅速点燃。无论是追求进步、呼吁民主，还是增进知识、推崇科学，这些精神在五四运动之中都为爱国主义精神所统摄，作为"肌肉"附着于"主心骨"之上，使爱国主义精神更为丰满、更具实践力量，它们共同构成了以爱国主义精神为核心的五四精神的重要组成部分。

当前，经济全球化已成为势不可当的时代潮流，爱国主义在经济全球化背景下，不可避免地受到了冲击。尤其改革开放以来，我国人民生活与社会活动范围大大拓展，越来越多的青年大学生有机会走出国门，到世界各地去

---

① 中共中央印发《爱国主义教育实施纲要》（1994年8月23日），《人民日报》1994年9月6日第2版。

② 毛泽东：《毛泽东选集》第2卷，人民出版社1991年版，第58页。

留学、旅游观光。这些不可避免地会冲击他们的思想观念,淡化他们的民族国家意识和爱国主义情感。同时,西方发达国家还竭力宣扬其资产阶级人生观、价值观和生活方式,宣扬个人主义、拜金主义和享乐主义,片面强调个人利益,以此来达到他们淡化一部分青年大学生的集体观念、民族国家意识和爱国主义情感,弱化他们的社会主义信念和共产主义理想的目的。在这样的国内外形势下,在青年大学生中用五四精神积极开展爱国主义教育,使其真正富有成效,具有很强的现实意义。

二、以五四精神培育当代大学生爱国主义情怀的途径

习近平总书记曾明确指出:"弘扬爱国主义精神,必须把爱国主义教育作为永恒主题。要把爱国主义教育贯穿国民教育和精神文明建设全过程。"[①]而五四运动及产生其中的五四精神在弘扬爱国主义精神、加强青年爱国主义教育中占有着非常重要的分量,扮演着极其特殊的角色。在实现中华民族伟大复兴的中国梦的重要关头,弘扬以爱国主义为核心的五四精神,对加强爱国主义教育具有重要的推动作用。

爱国主义教育是思想政治教育的重要内容,弘扬五四精神则对加强青年爱国主义教育具有重要的价值。因而,必须积极探索五四精神可行的转化途径,积极利用五四精神的深厚历史底蕴、丰富内涵品格、崇高理想指向,把弘扬五四精神作为强化当代青年大学生爱国主义教育的有力支点之一。

第一,以五四精神的深厚历史底蕴,增强青年大学生爱国主义教育的情感支撑。习近平总书记曾指出:"历史是最好的老师,它忠实记录下每一个国家走过的足迹,也给每一个国家未来的发展提供启示。"[②] 历史和精神是共

---

① 习近平:《大力弘扬伟大爱国主义精神 为实现中国梦提供精神支柱》,《人民日报》2015年12月31日第1版。
② 习近平:《历史是最好老师,给每一个国家未来的发展提供启示》,http://news.xinhuanet.com/world/2014-03/29/c_1110007614.htm。

生的，五四运动孕育了五四精神。五四以来进步青年积极有为的历史，为五四精神提供了更为丰富的注脚。诞生于五四运动中的五四精神蕴含着深邃而丰富的历史底蕴，原因就在于其绵延百年的历史中藏有的实现中华民族伟大复兴的主题与悠久的爱国主义传统。

众所周知，世界上的任何一个国家和民族，其爱国主义精神的延续和发展都是在基于既有国家和民族历史基础上进行的传承、变革与创新。其爱国情感发生与发酵也都是基于国家民族的历史之上的。历史教育不仅能够帮助青年大学生了解国家的发展脉络，更能促进他们爱国情感的产生与发酵。因而，增强青年大学生爱国主义教育，就应当把历史教育作为其中的重点和核心。通过弘扬五四精神，借助五四精神以民族复兴为主线的深厚历史底蕴，使青年大学生从百年五四精神发展的历史中汲取丰富的爱国主义营养。

在帮助青年大学生回忆五四以来国家命运历程，以及在此历程中无数进步青年为了争取国家富强、民族复兴而进行的不懈斗争过程中，增进他们的历史感性认识、树立正确的历史观，为当代青年大学生呈现历史的完整性与延续性，进而促使青年大学生在爱国主义教育过程中对以民族复兴为主线的五四精神的延续史、进步青年的奋斗史产生情感共振，提升当代青年大学生情感认同和情感归属。

第二，以五四精神的丰富内涵品格，拓展青年大学生爱国主义教育的实践维度。五四精神由于其所具有的丰富历史材料支撑，使得五四精神有着以爱国主义精神为核心的丰富的内涵品格。这种丰富的内涵品格不是空洞的说教，而是指向实践这一深层维度。五四运动及以五四精神为激励的无数青年为我们呈现了一幅幅大胆实践以推动社会发展的生动画面。

从某种程度上来说，积极投身于改变国家命运与民族前途的伟大实践是五四运动取得胜利的重要原因。正是因为以实践为指向的五四精神内涵品格，因为五四运动中进步的青年学生不怕艰难险阻，敢于斗争，以多种多样的行动，投身于为国奋斗的洪流当中，五四运动才能够获得历史性的胜利；正是因为有以实践为指向的五四精神内涵品格,在五四精神激励下的一代代青年实干兴邦,积极投身为国奋斗的实践当中,才取得了今天我们所看到的难能可贵的建设成就。爱国主义教育不是纯粹的知识教育,而更多的是信念教育、价值观教育。作为一种信念教育、价值观教育,爱国主义教育不仅要具有深刻的内涵、逻辑自洽的内容,更重要的则是要在内化信念、价值观的基础上外化为具体行动,引导实践的开展,能够呈现推动社会发展的实践力量,才能够真正吸引人、打动人、说服人。因此,今天在针对青年大学生爱国主义教育的过程中,更要将五四精神丰富的内涵品格同实践联系起来,继承和发扬五四精神中以改变社会、推动社会进步发展为指向的实践品格,勉励他们在实践中感知五四精神力量、践行五四精神内涵品格。

第三,以五四精神为崇高理想的指向,明确当代青年大学生爱国主义教育的价值依归。梁启超先生曾在《少年中国说》一文中写道:"少年智则国智,少年富则国富,少年强则国强,少年独立则国独立,少年自由则国自由,少年进步则国进步。"他认为:"制出将来之少年中国者,则中国少年之责任也。"[①] 五四运动中进步青年无不展现出救亡图存、兴国安邦的崇高理想,百年来在五四精神的感召下无数青年也将国家的发展、社会的进步、民族的复兴作为自身的远大理想追求。正是这种崇高的理想指向,使得青年们能够以国家、社会责任为己任,激发出充沛的爱国热情,投身于为国奉献的实际行动之中。这些对于今天加强青年爱国主义教育而言都是重要的财富。

青年始终是社会进步与发展的重要推动力量,青年是否有崇高远大的理想追求,决定着青年的人生是否高尚充实,决定着青年是否能够成为国家和民族未来的支柱,甚至很大程度上决定着国家和民族是否有一个可以值得期待的光明未来。今天我们要明确青年大学生爱国主义教育的价值依归,把培养青年家国情怀和责任担当作为青年大学生爱国主义教育的重要目标指向,

---

① 梁启超:《饮冰室合集》第1册第5卷,中华书局1989年版,第11页。

尤其要重点突出实现中华民族伟大复兴的中国梦这一理想信念主题。在青年大学生爱国主义教育中突出理想信念教育，将理想信念教育融于爱国主义教育中，让青年大学生在了解过去的基础上，积极面向未来，激励广大青年在实现个人追求的过程中为中国梦的实现奉献青春、贡献力量。

（作者系云南民族大学马克思主义学院副教授、博士）

传承五四精神
培养知行合一的新时代青年

——云南民族大学第二课堂成绩单工作案例

屈 睿

五四运动中，中国青年知识分子作为新生的革命力量走上了历史舞台，在中国的新民主主义革命史上留下了浓墨重彩的一笔。新时代青年作为实现中华民族伟大复兴的后备军，更应该秉承着前辈爱国、民主、科学、进步的五四精神，将以爱国主义为核心的五四精神发扬光大。同样，传承和弘扬五四精神，将五四精神的内核融入当前中华民族伟大复兴的社会主义现代化建设当中，培养德智体美劳全面发展的社会主义建设人和接班人，也对当前的高校思政教育提出了相应的要求。

为进一步贯彻落实习近平新时代中国特色社会主义思想和党的十九大精神，不断深化共青团改革，共青团云南民族大学委员会在团省委和学校党委、行政的坚强领导下，于2017年9月在全校范围推广了第二课堂成绩单制度。云南民族大学第二课堂成绩单以"围绕中心、服务大局、找准定位、彰显价值"为理念，构建了"记录成长年轮、搭建彩虹桥梁、感受成长喜悦、建立能力模型、提升综合素质、实现育人目标"的"六位一体"工作格局，不断推动第一课堂与第二课堂的深度融合，构建了第二课堂协同育人的新机制，初步实现了共青团基本工作职能与学生的成长成才需求的融合。

一、基本情况

2017年12月,云南民族大学正式下发了《云南民族大学"第二课堂成绩单"学分认定及实施办法》。为使第二课堂成绩单顺利实施,学校先后成立第二课堂成绩单工作领导小组、第二课堂运营管理中心,并将第二课堂成绩单列入本科专业培养计划,列为必修课程,把第二课堂作为第一课堂的合理延伸,把第一课堂作为第二课堂的有效助推器,两个课堂有机结合,相辅相成,共同构成学校教书育人的协同育人新机制。

二、特色做法

(一)记录成长年轮

学校依据高等教育人才培养规律,针对学生成长成才需求,将第二课堂纳入本科专业人才培养体系,用第二课堂学分衡量青年学生参与第二课堂活动成绩,依托现有学生活动项目资源和基层团组织自主开展的各类活动,将丰富多彩的第二课堂活动课程化,运用活动开展数据和评价情况,进行学生活动的供给侧改革,不断推动学生全方位、立体化的成长成才。

此外,针对2018级新生对第二课堂制度的疑惑,学校还专门设计制作了"代入式"漫画《探境"第二课堂"》,用亲民的方式让第二课堂成绩单制度接地气、聚人心,逐步实现了学生愿意用、积极用、要求用的良好氛围。

(二)搭建彩虹桥梁

在接到团中央学校部相关文件后,云南民族大学团委主动作为,第一时间向分管领导汇报,引起了学校领导班子的高度重视;学校领导亲自挂帅,积极为第二课堂成绩单落地争取政策、资金、资源和师资保障;与此同时,广泛在二级学院开展试点工作,定时召开试点单位经验分享会,总结使用中出现的问题,及时向团中央学校部反馈,并将在试点中出现的问题,在制度制定的过程中使用技术手段予以规避；在到梦空间运营过程中，分析和总结在运用过程中出现的各种各类问题，不断完善实施细则，及时查缺补漏，引导学生理性参加活动。第二课堂成绩单为团组织提供全面覆盖、深度覆盖的新抓手，为社会倡导实践育人、综合评价创立新载体，为社会志愿公益服务、爱心奉献建立新机制。

（三）感受成长喜悦

第二课堂成绩单推行伊始，虽然学校在全校范围内广泛宣传和培训了各个层次的第二课堂运营管理办法，但由于信息的不对称以及学生对新生事物的抗拒等原因，在百度空间和民大表白墙等媒体平台上出现了针对第二课堂的无理谩骂。为了及时应对第二课堂改革工作过程中所产生的各类舆情，校团委第二课堂运营中心建立了校院两级舆情监控引导和应急处理工作组，及时在百度贴吧、QQ 空间等媒体平台积极发声，正面引导，避免了多次舆情事件的扩大化。随着时间的推移，第二课堂成绩单逐渐成为学校团员青年成长成才全面发展的新平台和青春回忆的新印记，记录式评价对同学参与第二课堂的活动项目进行真实客观的记录，让同学对自己可以有清楚的认知，可以对自己能力素质拓展中的进步与不足进行自我分析，并在下一步的学习生活中针对薄弱环节予以加强和改善。

（四）建立能力模型

打通第一课堂、第二课堂学分评价体系。用学分分类和最低标准要求"倒逼"学生主动参与各级各类学生活动，不断丰富个人履历，从而达到成长成才的目的。目前，学校将第二课堂活动分为思想政治、创新创业、文体活动、技能特长、创新创业、志愿公益和工作履历七个类型，要求每学年必须参与至少五大类活动并达到最低分数要求，才能获得第二课堂专项学分，未能在两个学年达到基本要求的学生将不能按时毕业，从而从源头上推动了"要我参加活动"到"我要参加活动"的转变。当同学们进入自己的界面时，便如同面对一面特殊的镜子，透过镜子可以很好地审视自己，对自己哪些方面做得好、哪些方面还需要有所提升可以了然于心，很好地指引大家不断完善自己，不断提高自己的素质与能力。

（五）提升综合素质

在推广的初期阶段，学校高度注重发挥院、班两级的基础作用，用学分要求"倒逼"学院开展各种各类丰富多彩的校园文化活动，在中期考核中，对学生第二课堂注册率、参与率进行排名，对排名靠后的学院进行全校团系统通报，向未达标学生下达学业警示通知，由学院团委进行诫勉谈话，从而养成学生关注到梦空间活动的习惯；目前，在活动场地充裕、学生要求逐渐满足的情况下，不断提高活动质量要求，加强对活动质量的指导和监控，从而使学生真正从第二课堂活动中有所得、有收获，在学年末，依据学生第二课堂成绩单成绩，向达标学生发放第二课堂学分。

（六）实现育人目标

截至2019年3月1日，云南民族大学激活学生人数27059人，注册部落840个，开展活动8931场，共788340人次参与各级各类活动，人均参加活动30次，共有6974名同学在学校各级各类活动中获奖。2018年9月5日，在团中央学校部发布的本科类高校第二课堂量化排名中，学校的到梦空间人均参与活动人次和活动总数量均进入全国十强，其中，人均参与活动为21人次，位列全国第7名；活动总数量为5239场，位列全国第10名。

通过一年的实践，一是实现了2017、2018级本科生全活跃、全参与，同时带动其他年级活跃度、参与度大幅提升；二是使得工作有形化、活动规范化，团队通过大数据可及时掌控学生的需求及动向；三是团员青年参与理论学习、志愿服务的积极性显著提高；四是团要管团、从严治团的理念不断强化，团支部、社团的活跃度大幅提升，在提升组织吸引力的基础上，更增强了组织的凝聚力；五是示范引领成效显著，在大学生年度人物评选、民汉双语志愿服务、暑期社会实践等活动中，涌现出一大批品学兼优、奋发图强的优秀典型；六是第二课堂工作影响力不断扩大，共青团与校内其他职能部门紧密配合，共同营造出浓厚的校园文化氛围，合力推进立德树人工作。

习近平总书记曾对青年寄语："青年一代有理想、有担当，国家就有前途，民族就有希望。"在充满机遇和挑战的新时代，通过以"知行合一"为主线，把学习和实践作为一种责任、一种历史使命，对青年学生的综合能力素质提出了更高的要求，同时也对高等教育对于人才培养的标准提出了更高的要求。第二课堂作为新时代共青团工作改革的"牛鼻子""发动机"，作为第一课堂的有机补充、作为学校人才培养的重要组成，推进第二课堂与第一课堂互动互补、互相促进，服务学校立德树人中心工作，为学生在校期间打造一份课业成绩之外的第二课堂成绩单，形成每位同学在校期间的"足迹"记录。云南民族大学将持续围绕立德树人的根本任务，将"记录成长年轮、搭建彩虹桥梁、感受成长喜悦、建立能力模型、提升综合素质、实现育人目标"的六大功能融为一体，将共青团基本工作职能与学生的发展需求实现融合。

（作者系共青团云南民族大学委员会书记）

让党的旗帜在民族类高校
这个阵地上高高飘扬

王 攀

党政军民学,东西南北中,党是领导一切的。这从根本上决定了我们的教育事业是党领导下的中国特色社会主义教育事业,我们的高校是党领导下的中国特色社会主义高校,我们办学治校的目标是培养德智体美劳全面发展的社会主义建设者和接班人。民族类高校也概莫能外。

毋庸置疑,高等教育是一个民族生存和复兴的灵魂,是民族文化保护和传承的脉络,是国家创新驱动和科技进步的依托,是一个社会前进和发展的动力。民族类高校作为中国高校独特而重要的组成部分,必须旗帜鲜明地坚持党的全面领导,让党的旗帜在高校这个阵地上高高飘扬。

一、党管办学方向——立足中国大地办民族大学

从古至今,从国内到国外,任何一所大学,或是具有大学性质的场所,都有自己独特的办学方向和特色,其办学方向体现了她的办学性质,办学特色体现了她的文化传统和时代背景。

中国特色社会主义的本质特征是中国共产党领导,中国特色社会主义制度的最大优势是中国共产党领导。"办什么样的大学、怎样办好大学"是中国

高校的根本属性。因此，中国的高校在任何时候、任何情况下都必须姓"社"。对民族类高校而言：

第一，政治方向要把好。把好政治方向，就是要牢牢坚持社会主义的办学方向，坚持立德树人的根本任务，把党的全面领导体现到管党治党的全方位，体现到办学治校的全过程。要坚决贯彻党的教育方针和民族政策，不论是教学、科研、管理、服务，还是课堂、讲坛、教材、学科、专业建设等，都要体现党的思想、党的意志，都要以维护和彰显民族团结进步为大前提，以巩固各族师生的共同思想基础。

第二，服务面向要把好。从大学职能来讲，民族类高校除要坚持"四个服务"，履行好人才培养、科学研究、社会服务、文化传承与创新、教育国际交流等高校基本职能外，还要从自身特殊属性出发，为少数民族和民族地区的发展服务，为培养少数民族人才服务，为传承和保护民族文化服务，为培育中华民族共同体意识服务。

第三，价值取向要坚定。培育社会主义核心价值观是高校思想政治工作的头等大事，团结、进步是民族类高校文化的精髓，两者应当有机融合、同步促进。尤其是要做好顶层设计，构建和实践民族类高校思想政治工作大格局，通过行之有效的滴灌式教育，引导各族师生心中有党、心中有国家、心中有中华民族、心中有民族团结。民族类高校的各级党组织和党员领导干部，要身体力行地推动全面从严治党向纵深发展，用优良的党风来正校风、严教风、促学风，使学校成为培育和践行社会主义核心价值观，建设和推动民族团结进步的示范高地。

二、党管立德树人——培养民族团结的践行者、促进者、守护者

"培养什么样的人、如何培养人、为谁培养人"是高校的基础题，也是

必答题。国无德不兴，人无德不立。"立德"是为了"树人"，而"树人"关键是"立德"。全国14所民族类高校，大多处在边疆民族地区，少数民族学生比例相对较高。以云南民族大学为例，该校少数民族学生比例已经超过50%。可以说，"民族性"就是民族类高校的一张得天独厚的名片，民族类高校就是全国56个民族大家庭的缩影，同时也是党做民族工作最集中、最直接、最有效的地方。民族类高校的少数民族学生，尤其是学习本民族语言的学生毕业之后，大都回到民族边疆地区，成为党在民族地区基层政权的骨干力量和促进民族地区发展的中坚力量。

因此，立德树人就成为民族类高校的重中之重。2019年3月18日，习近平总书记在学校思想政治理论课教师座谈会上强调，要努力培养担当民族复兴大业的时代新人，培养德智体美劳全面发展的社会主义事业建设者和接班人。这是中国高校人才培养的共同使命，除此之外，民族类高校还要培养新时代民族团结的践行者、促进者、守护者。民族类高校党委要通过制度设计、政策引导、文化熏陶，大力推动民族团结进步示范学校建设，努力造就民族团结的自觉践行者，大力培养民族团结的忠实促进者，精心培育民族团结的坚定守护者。

民族类高校思想政治工作的根本目的是筑牢中华民族共同体意识，把团结进步的理念贯穿到文化育人中，贯穿到教材课堂中，贯穿到实践活动中，让各族师生从内心深处认清团结稳定是福、分裂动乱是祸，理解"两个共同""三个离不开""五个认同"。同时，通过他们的一言一行、一举一动来践行民族团结、促进民族团结、守护民族团结，从而感染他们的家人、朋友，乃至各族群众。只有这样，党的民族政策才真正算得上深入人心，党的民族工作才真正做到了群众的心坎上。

三、党管大学治理——毫不动摇地执行党委领导下的校长负责制

中国的大学治理体系和治理能力建设,是在党的领导下办学治校衍生的组织体系、制度体系、运行体系和评价体系。它根植于中国土壤,是基于中国传统文化、时代发展而逐渐改进、内生演化形成的,突出了中国共产党的领导,符合中国国情。

高校是知识密集、思想活跃、人才聚集之场所。高校如何体现党的全面领导?答案就是坚决执行党委领导下的校长负责制。党委领导下的校长负责制是党领导高校的根本制度,其实质是确立党委在高校的领导核心地位。"党委领导"体现在三个方面:

第一,高校党委是学校的最高领导集体。除党委外,在高校不能有凌驾于党委之上或与党委相提并论的组织。高校党委会是最高权力决策机构,校长办公会是研究处理学校行政工作的决策会议,学术委员会是高校的学术权力机构。因此,高校要处理好党委与行政的关系,党委书记与校长的关系,党委会与校长办公会的关系。建立党委书记和校长定期沟通机制,完善校党委会、校长办公会议事规则,用好会前听取意见、会上表决机制,党政主要领导末位表态机制等。

第二,高校党委领导主要是政治、思想和组织领导。所谓政治领导,就是学习宣传贯彻好党的路线、方针、政策,落实党对高校的政治要求。所谓思想领导,就是用习近平新时代中国特色社会主义思想武装师生头脑,把思想政治工作贯穿教育教学全过程,实现全员育人、全程育人、全方位育人,筑牢新时代高校思想政治工作生命线。所谓组织领导,就是巩固提升各级党组织的组织力,发挥高校党委的领导核心作用、二级党组织的政治核心作用、基层党支部的战斗堡垒作用和党员师生的先锋模范作用,把党的基层组织建

成坚强阵地。

第三，高校党委的主要职责是围绕党和学校的中心工作加强党的建设，把方向、议大事、做决策、用干部、聚人才、管监督。党委全面领导，体现在落实党建工作、意识形态工作、党风廉政建设的主体责任，包括班子集体责任、第一责任人责任和班子成员的共管责任。坚持党管干部、党管人才，把工作重心放在学校的办学方向、办学定位的谋划上，放在学校的改革发展稳定大局上，放在"三重一大"事项的研究和决策上。

四、党管意识形态——让思想政治工作提正气、接地气、入人心

高校意识形态建设事关党对高校的领导，事关党的教育方针的贯彻落实，事关新时代中国特色社会主义事业后继有人。抓高校意识形态工作，思想政治工作处在首要位置。

民族类高校的思想政治工作，要突出民族团结进步示范这一主题，党委书记、校长，以及其他班子成员要带头上好"第一课"——民族团结进步教育课，教会各族新生扣好人生第一粒扣子。按照习近平总书记"最管用的是争取人心"和"少做'漫灌'、多做'滴灌'"的民族团结教育思想，以党建为引领，探索实践"课堂教育＋政策宣讲＋基地建设＋文化熏陶＋双语人才培养＋科学研究＋日常感染"的"七维一体"新时代民族团结的践行者、促进者、守护者教育模式。

高校党委要当好"把关人"，在大是大非问题上，一定要有鲜明的态度和坚定的立场。要加强思想政治工作队伍建设、课程建设和师德师风建设，加强阵地建设和管理，用好"互联网＋"手段，建好管好"网络阵地"。对那些传播与社会主义核心价值相悖的错误思潮的师生，出现破坏民族团结言行的师生，依照法律法规和学校管理规定，从严进行处理。

五、党管干部人才——把干部人才紧紧地凝聚在党的周围

民族类高校党委要坚持党管干部原则，认真贯彻中央《关于进一步激励广大干部新时代新担当新作为的意见》，为干部画出以"肯干事"体现担当、以"会干事"体现能力、以"干成事"体现落实、以"不出事"体现干净的"标准像"。公开、公平、公正选拔任用干部，具体来讲，就是公开干部选拔聘任工作方案、公开报名和资格审查情况、公开民主推荐情况、公开考察对象、公开拟任干部名单；按2∶1的比例差额考察正处级干部，按3∶1的比例差额考察副处级干部；干部的谈话推荐率、投票推荐率中任何一项低于70%的，一律不提拔任用。同时，注重完善干部考核评价机制和日常监督管理机制，抓在日常、严在经常。

人才队伍建设是高校改革发展的生命线。高校党委要发挥党管人才作用，关键是通过讨论决定人才政策，优化人才成长环境，来提高学校的核心竞争力。主要举措为"五个一"：制定一套有效的激励制度体系，引进一批高层次人才和学科带头人，打造一批有凝聚力的、有活力的青年拔尖人才创新团队，汇聚一批高层次科研团队，加快形成一批重大社科成果。在处理外来人才和本土人才的关系上，既要发现、培养现有人才，又要理性、有序地把一流人才往民大引、往民大留；既要招得来"女婿"，还要留得住"儿子"，不气走"儿子"，实现"输血""造血"并重，"女婿""儿子"同心。

六、党管改革发展——积极推动民族类高校的"双一流"建设

党对高校的全面领导，目的是推动高校的事业发展。"双一流"建设是党中央、国务院做出的重大战略决策。客观来讲，在民族类高校中，仅有中

央民族大学为"双一流"大学，大部分民族类高校起点相对低、起步相对晚、基础相对弱，但依然可以走出一条有特色的"双一流"发展之路。

民族类高校的"双一流"发展优势有三：一是与民族地区经济社会发展结合紧密，政治效应明显；二是民族文化成果丰富，人文社会学科底蕴较强；三是民族边疆地区区位优势明显，文化外交辐射有优势。只要高校党委扎根民族地区，合理找准定位，彰显特色优势，就能冲击双一流。因此，民族类高校党委只要打开思维，优化办学理念，规范办学行为，提升办学质量，号召全校师生心往一处想、劲往一处使，就能鼓足干劲，朝着"双一流"方向前进。办学定位要突出民族性，在民族学生、民族干部培养、民族理论、政策研究、民族文化传承方面发挥主要作用。突出边疆性特色，为边疆地区经济社会发展培养人才。突出国际性特色，积极融入国家"一带一路"倡议和区域经济发展，深化跨国流动人才培养，打造人文交流合作的高层次平台，在教育对外开放中发出中国声音，讲好中国故事，贡献中国智慧。同时，高校党委还要带领各级党组织和党员师生从严管党治校，为"双一流"建设营造一个风清气正、干事创业的良好氛围。

（作者单位系云南民族大学办公室）

新媒体环境下高校网上共青团思想引领工作思考

沈艳林

2019年是五四运动爆发100周年之年，100年前，由青年学生发起的五四运动以爱国、进取的姿态，展开了彻底地反对帝国主义和封建主义的斗争。五四运动孕育了以爱国主义为核心的爱国、进步、民主、科学的五四精神，五四精神作为中华民族伟大民族精神之一，既是民族存续的精神血脉，也是民族团结的精神纽带，还是民族兴盛的精神资源。在新时代，在新媒体发展迅速的环境下，如何引领广大青年尤其是高校青年大学生，以一颗不忘初心、牢记使命的心重温五四精神、传承五四精神，弘扬爱国主义民族精神，自觉弘扬主旋律、抵制负能量，以习近平新时代中国特色社会主义思想为指导，努力践行社会主义核心价值体系，是值得高校共青团开展思想引领工作认真思考的问题，是高校共青团思想引领工作的重点，有着深远的历史和现实意义。

一、新媒体环境下高校网上共青团思想引领工作的重要性

（一）高校共青团思想引领工作的重要性

高校承担着人才培养、科学研究、社会服务、文化传承的神圣使命。习

近平总书记在全国高校思想政治工作会议上指出，我们对高等教育的需要比以往任何时候都更加迫切，对科学知识和卓越人才的渴求比以往任何时候都更加强烈。在高校建设、贯穿、融入国家意识形态的力度，直接关系着培养什么样的高素质人才、推进什么样的科学研究、为社会发展提供什么样的服务和传承发扬创新什么样的中华文化，因而也就直接关系着中华民族伟大复兴事业的历史进程。

共青团作为党的助手和后备军，特别是高校共青团，在联系青年学生中起着不可替代的作用。习近平总书记在2018年7月同团中央新一届领导班子集体谈话时指出，共青团要加强对青年的政治引领，党旗所指就是团旗所向，要在广大青年中加强和改进理论武装工作，引导广大青年运用马克思主义立场、观点和方法，观察、分析问题，从而坚定正确政治方向，增强道路自信、理论自信、制度自信和文化自信，坚定听党话跟党走的人生追求。要加强共青团对青年的政治引领，其中最重要的引领之一就是思想引领。在新形势下，高校如何了解团员青年的思想、行动特点，进而用正确、积极、健康的方式引导大学生树立正确的价值观，做好青年思想引领工作，引导青年大学生继承、弘扬五四精神等民族精神，高校共青团起着重要作用。

(二) 认识到高校网上共青团建设对开展思想引领工作的重要性

互联网技术在人们生活、学习、工作中的广泛应用，不仅改变着人们的工作方式和生活方式，还强烈地冲击着人们传统的思想观念和思维方式。特别是对当代青年大学生的思想、观念和心理等方面产生的影响十分巨大。数据显示，中国青少年网民在总体网民中占比超过60%，大学生所占比例更是超过35%。青年大学生每天花大量时间在网上查看资料、学习、社交、娱乐等，每天接收到的信息量庞大而杂乱，高校共青团要做好青年大学生思想引领工作，加强网上共青团建设迫在眉睫。

二、新媒体发展对高校共青团思想引领工作带来的影响及挑战

(一) 新媒体的发展使得青年学生思想活跃度更高,学校掌握学生思想动态难度更大

社会经济及互联网的快速发展,使我们几乎每天都在面对着生活、学习、工作,甚至社交娱乐的各种新变化。当代青年尤其是"95后""00后"青年学生,他们从出生开始,接触到各类信息的渠道更多,接收到的信息也更丰富多样,他们的思维活跃度、思维方式、价值取向等思想观念都呈现出多元化、自我化的发展趋势,他们每天接触的新事物、新思想越多,对他们价值观形成的影响越大。近两年开始,大量的"00后"学生进入大学接受高等教育,学校教师、辅导员及团委书记等在与学生接触时,摸不清青年大学生的笑点、表情包萌点、语言风格、喜好追求的情况时有发生,高校共青团在了解、掌握学生思想动态方面难度不断加大。

(二) 新媒体的发展,对高校共青团宣传阵地主流话语权带来挑战

《关于进一步加强和改进新形势下高校宣传思想工作的意见》(以下简称《意见》) 明确强调了党对高校宣传思想工作的领导作用,《意见》也对高校宣传思想阵地建设和管理提出了具体做法和实际范畴。我国围绕传统媒体,例如广播、电视、报纸、杂志等形成的舆论引导和思想引领建设体制机制,积累了丰富的实践经验,掌握了大量传统媒体主导权、话语权。高校共青团宣传及思想引领工作也是如此。但随着新媒体的发展,传播者与受传者实现了高度融合,"人人都有麦克风""大家在网络上都是隐形人",传统信息传播方式受到强烈冲击甚至颠覆。广大青年学生不再愿意接受传统的"灌输"式教育,更喜欢网络新媒体的即时、匿名的无障碍互动,他们的思想、价值观很容易受到影响,这对高校共青团宣传阵地主流话语权带来的挑战是巨大的。

(三)自媒体多元发展,使高校共青团传统思想引领及宣传方法受到冲击

近年来,自媒体发展极为迅猛。与传统媒体相比,自媒体宣传既融合了传统媒体的特点,又更加贴近受众群体的需求和观念。多数自媒体宣传信息制作精美,传播速度快,它们能够以轻松活泼的方式迅速吸引更多人的关注度。这为高校共青团新媒体发展及学生思想引领带来很多借鉴,但是与此同时,自媒体的多元发展使高校共青团传统思想引领及宣传方法受到的冲击更大。谁先吸引了眼球及关注度,谁就先占领了宣传阵地及话语权,高校共青团面对社会上多类型、五花八门的自媒体,要第一时间在青年学生中夺取第一话语权,存在很大压力。

(四)新媒体的发展,给少数别有用心之人提供了更多可乘之机

习近平总书记曾在全国宣传思想工作会议上强调,意识形态工作是党的一项极端重要的工作。网络上下,国门内外,意识形态的斗争一刻也没有停止,甚至有愈演愈烈之势。在如今复杂的国际国内形势下,意识形态斗争也一直是宣传工作中的重中之重。目前,新媒体已成为全球性的传播媒介,成了一些西方国家、别有用心的组织用于思想文化渗透、宗教渗透的新工具,而高校更是西方国家意识形态渗透的重点,他们利用新媒体平台,通过各类网站、社交软件及新媒体作品等,向大学生传播意识形态和价值观,甚至故意诋毁和诽谤我国的政治、经济、文化等领域的事务,扭曲历史事实,潜移默化地给大学生传递西方"文明"等,严重影响青年学生的成长及价值观的稳定,这无疑给共青团思想引领工作增加了很大难度。

三、新媒体环境下高校网上共青团思想引领工作发展现状

（一）开展网上思想引领工作渠道不够丰富

习近平总书记曾提出，青年在哪里，共青团的组织和工作就要延伸到哪里。目前，许多高校共青团思想引领工作的开展主要依靠形势政策教育讲座、主题教育活动、团日活动、校园文化活动等形式开展，而在网上共青团思想引领方面，多数高校主要通过"青年之声"、微信公众号、微博等新媒体平台开展，延伸不够广，思想引领效果不够突出。

（二）高校网上共青团思想引领宣传阵地不够完善

据调查了解，有些高校网上共青团思想引领工作的建设、开展观念还未完全转变，对网上共青团建设的重视不够，过度强调线下活动的开展，一定程度上忽视了网上共青团建设，认为网上共青团建设、网上思想引领还是"附加"项目，没有为网上共青团建设、网上思想引领工作的开展提供必要的条件和保障，对于院级、学生组织来说更是如此。网上共青团思想引领宣传阵地建设不够完善，导致一些学习活动影响面狭窄，影响力不够大。

（三）一些团干部对网上共青团思想引领工作重视不够、采用的方式方法不多

很多高校还普遍存在团干部配置不完善的问题。特别在二级学院，多数团委书记还同时兼任学院辅导员，在繁杂的工作中，难免存在对团队工作认识不到位、不专业和盲目性的情况，与之相伴的是，一些学生干部的自身素质也没有跟上，对共青团思想引领工作不够了解，没有真正起到"桥梁"作用。而在思想引领工作中，一些团干部思想观念未跟上现有形势的需要，应对新鲜事物的能力不够，对一些新媒体发展还存在畏难、甚至抵触情绪，深入基层调研不多，缺少钻研精神，对网上共青团建设工作热情不高，占领网上宣传阵地和拥有话语权的信心不足。

（四）基层团组织网上共青团建设较薄弱，运用新媒体开展思想引领工作技能不强

基层团支部建设提升一直是高校共青团加强团的建设工作的重点之一。基层团组织普遍还或多或少地存在团员意识不强、团组织凝聚力及思想建设不足等问题，对于新兴的网上共青团建设方面就更加薄弱，基层团支部运用新媒体开展思想引领工作的技能也不强。

四、新媒体环境下高校网上共青团思想引领工作策略

（一）深入基层调研，加强与青年大学生的联系，不断探索丰富网上思想引领渠道及方法

根据共青团中央发布的数据及现实调查显示，近年来，与目前在社会上、成人群体中盛行的微信、微博相比，更多青年大学生其实更乐于关注 QQ 空间、B 站、抖音、快手、唱吧、虎牙等平台，这些新媒体平台发布的大量信息对青年的影响不容小觑。高校共青团要做好网上思想引领工作，需要深入基层调研，及时了解青年大学生的喜好、思想变化，拓展思维及工作方法，投青年大学生所好，多运用新媒体平台开展思想引领工作非常重要。例如，共青团中央入驻了 B 站、抖音、快手等平台，与青年的联系更为密切，积极传播更多主旋律、正能量，被不少网友称"这样时髦的团很给力"。

（二）加强高校网上共青团宣传阵地建设

高校共青团应该扎实开展网上思想引领工作，大力推进网上共青团建设，积极完善从校级、院级到基层团支部的团宣阵地建设，统一思想，明确目标，提高认识，加强团宣凝聚力，扩大影响力，通过阵地来共同做好网上正面宣传的"放大器"、网上舆情的"采集器"和网上负面声音的"消减器"。

（三）优化团干部管理体制，打造高素质网上共青团思想引领干部队伍

高校应该进一步优化团干部管理体制，吸引更多德才兼备、对团的工作有热情、紧跟新时代观念的人员加入共青团干部队伍。同时，着力加强对团干部的培训，特别是思想提升和网上思想引领技能提升，在提高团干部的整体素质的同时，要加强团干部对网上共青团思想引领的重视，切实增强各级团干部带领团组织及个人在网上主动弘扬主旋律、传播正能量及抵制负能量的能力和影响力，进而更加及时有效地引领青年大学生思想，必要时积极发声、开展舆论斗争，推进网络空间清朗工程建设，为青年的成长成才提供良好环境。

（四）继续加强基层团组织建设，做好基层团组织网上共青团思想引领能力提升工程

要做好基层团组织网上共青团思想引领工作，不仅需要继续加强基层团组织建设，完善基层团支部日常管理，优化考评机制，持续加强对团员的思想政治教育，对基层团支部书记的培训，帮助团员树立正确的世界观、人生观和价值观；还需要针对不同基层团组织、团支部的特点，制定有效的、团员青年喜闻乐见的基层团组织网上共青团思想引领提升工程方案，并认真落实，不断提升基层团组织网上共青团思想引领能力。

习近平总书记曾强调，当代青年大学生是社会主义的建设者和接班人，坚持好、发展好中国特色社会主义，把我国建设成为社会主义现代化强国，是一项长期任务，需要一代又一代人接续奋斗。共青团作为党的助手和后备军，体现了党对共青团的高度信任和殷切期望。对于高校共青团来说，只有坚持把培养社会主义建设者和接班人作为根本任务，在新形势下把握好新媒体发展机遇，努力做好青年大学生思想引领工作，引导广大青年自觉为中国特色社会主义共同理想和共产主义远大理想而奋斗，围绕中心、服务大局、

当好桥梁，服务好广大青年成长、成才，才能真正做到不辱使命。

参考文献：

[1] 习近平．决胜全面建成小康社会 夺取新时代中国特色社会主义伟大胜利——在中国共产党第十九次全国代表大会上的报告．北京：人民出版社，2017：70.

[2] 习近平．在全国宣传思想工作会议上强调 胸怀大局 把握大势 着眼大事 努力把宣传思想工作做得更好．人民日报，2013.08.21（1）．

[3] 魏启旦．加强高校共青团思想引领工作的策略研究——基于上海市10所高校的实证分析．学校党建与思想教育，2018（11）．

[4] 张远见．浅议新媒体环境下高校意识形态工作的发展形势与对策．新闻研究导刊，2018（6）．

[5] 吕清华．新时代运用自媒体做好高校宣传思想工作探析．教育教学论坛，2019（2）．

（作者单位系云南民族大学校团委）

新形势下民族类高校共青团工作中新媒体建设的创新路径

——以云南民族大学为例

汪 艺

在信息技术日益发展的今天,媒介作为一种新的传播手段,在社会上和平时生活中扮演着不可或缺的重要角色。自生活与媒介接触时起,每一个自然人就不知不觉地生活在两个世界中:现实世界和媒介营造的虚拟世界,也就是李普曼所说的"拟态环境"。而在当下高校共青团工作实际中,新媒体作为重要的媒介手段,对于引导广大青年学生深入学习贯彻习近平总书记新时代中国特色社会主义思想、党的十九大精神和习近平总书记"7·2"重要讲话精神,努力践行社会主义核心价值观,立足"强三性"和"去四化"的根本目标,着力解决脱离青年学习的突出问题和加强大学生思想政治教育等,起着至关重要的作用。

一、传播媒介与新媒体

传播媒介,也可称为传播渠道、信道、传播工具等,是传播内容的载体。传播媒介有两层含义:一是指传递信息的手段,如电话、计算机及网络、报纸、广播、电视等与传播技术有关的媒体;二是指从事信息的采集、选择、加工、制作和传输的组织或机构，如报社、电台和电视台等。一方面，作为技术手段传播媒介的发达程度如何，决定着社会传播的速度、范围和效率；另一方面，作为组织机构的传播媒介的制度、所有制关系、意识形态和文化背景如何，决定着社会传播的内容和倾向性。

新媒体（New Media）是一个相对的概念，是在报刊、广播、电视等传统媒体之后发展起来的新的媒体形态，包括网络媒体、手机媒体、数字电视等。新媒体亦是一个宽泛的概念，是利用数字技术、网络技术，通过互联网、宽带局域网、无线通信网、卫星等渠道，以及电脑、手机、数字电视机等终端，向用户提供信息和娱乐服务的传播形态。严格地说，新媒体应该称为数字化新媒体。自网络、手机等在中国普及以来，新媒体技术的发展使青年学生的学习和交流方式发生了革命性的变化，给民族类高校共青团组织引导和教育青年大学生的传统工作途径带来了全新的挑战。信息技术的快速发展正进一步使新旧媒介在交锋中融合重组，不断改变着人类传播的格局。在此背景下，以微信、微博、抖音为代表的新媒体手段的出现，对于新形势下做好高校共青团工作有着深远的意义。

二、新改革背景下作为媒介重要介质的新媒体

当下，高校共青团改革的背景是为了深入学习贯彻习近平新时代中国特色社会主义思想和党的十九大精神，引导青年学生牢牢把准政治方向，紧紧依靠党的领导，在充分尊重学生主体地位，深化以青年学生为中心的改革，把准青年学生脉搏，把了解学生的心声和需求放在重要位置的基础上，突出重点聚焦问题，着眼根本，立足长远，统筹推进上下联动，大胆探索，形成上下联动，形成合力推进改革的生动局面。

在此背景下，云南民族大学共青团新媒体工作注重打好"民族牌"，着力打造"两微（微信和微博）三平台（青年之声、QQ空间和抖音）"体系，

通过两微三平台为代表的团属阵地新媒体建设，校院联动，把其与传统的民族类高校共青团宣传工作实际融合与嫁接，提升民族类高校共青团工作的实效性和影响力，把共青团工作覆盖到全体在校学生中，推动高校共青团工作向纵深发展，努力实现"青年在哪，共青团宣传工作就覆盖到哪"的目标。通过对微平台用户的信息资料、阅读习惯、信息获取偏好、搜索关键词等数据的挖掘，不仅有利于民族类高校共青团组织了解青年大学生的信息需求，区分青年大学生用户的共性需求和个性需求，实现精准传播与对接，还可以通过对数据的深度挖掘，实现对各级团属新媒体的影响力评估、舆情监测等，牢牢把握高校共青团对青年学生意识形态引领的主动权。

虽然大数据、云计算等现代信息技术可以帮助民族类高校共青团组织提高工作效率与反应速度，但更为核心的竞争力是贴近青年学生群体和符合高校实际，以服务增强用户黏性。民族类高校共青团微平台要做到真正意义上的服务青年学生，重点在于提高内容有效供给，提升用户体验，在引领青年学生意识形态的同时通过多种形式和手段提供符合思政教育要求的青年学生喜闻乐见的内容。一方面，微平台应注重功能开发，在了解青年大学生用户使用偏好与习惯的基础上，还需对内容排版形式、分享评论模式以及界面展示等方面进行人性化的设计；另一方面，有效的互动渠道和话题设计是提高青年大学生用户体验的又一路径，民族类高校共青团组织应充分利用新媒体平台的优势，开创多元化互动模式，提高与青年大学生用户互动沟通的效率。

网络空间既是当代青年学生的主要聚集地，也是民族类高校共青团建立联系青年大学生长效机制的主要阵地。微团建设的核心在于民族类高校共青团要转变工作思路，以新媒体作为黏合剂，助推线上宣传和线下活动的结合，实现民族类高校共青团工作向互联网平台转移，打造有颜色、有特色、有本色的"网上共青团"。各级团组织应当重新确立自身在新媒体时代的价值，努力推进工作创新，整合资源，提升民族类高校共青团线上线下的影响力，打造民族类高校共青团网络品牌。

三、新媒体在高校共青团改革中的重要性

新媒体发展到如今,其影响力越来越大、越来越广,而青年学生正是其传播的主要受众群体,因而高校共青团要抓好青年学生的思想引领和提升思政教育成效,就不得不重视团属宣传阵地新媒体建设的必要性和重要性。

(一)有利于把握网络思想政治教育主动权

《中共中央国务院关于进一步加强和改进青年思想政治教育的意见》指出:"要全面加强校园网的建设,使网络成为弘扬主旋律、开展思想政治教育的重要手段。加强网络思想政治教育队伍建设,形成网络思想政治教育工作体系,牢牢把握网络思想政治教育主动权。"民族类高校共青团应充分利用新媒体技术的优势,开辟思想政治教育网络阵地,加大主题宣传教育力度,引导青年学生努力践行社会主义核心价值观。民族类高校网站可以开辟思想建设、动态信息、热点专题、民族团结进步教育等栏目,采用贴近青年大学生学习、生活的方式,提高宣传内容的针对性和有效性。通过开通团委微信、微博、抖音和QQ空间等新媒体,构建关注学生、与学生交流和服务学生的多元化平台,让网络成为民族类高校思想政治教育的新阵地,让新媒体成为青年大学生健康成长的新平台,引导青年学生扣好人生中的第一颗扣子。民族院校共青团还应注重结合民族类院校特色,依托民族类高校丰富的少数民族语言文化资源做好网络(新媒体)思政工作。云南民族大学校团委积极使用少数民族语言进行党团知识宣讲,如录制使用相关少数民族语言(佤语、傈僳语、景颇语、纳西语等)宣讲习近平总书记"7·2"重要讲话精神,通过有效宣传和广泛传播,让党的方针、政策深入人心,真正做到"让各民族像石榴籽一样紧紧抱在一起",争做民族团结进步的践行者、促进者和守护者。

(二) 有利于营造和谐校园文化氛围

校园文化作为一种环境教育力量，同时也是共青团宣传工作重要的线下阵地，对青年大学生的健康成长有着巨大的影响，因而高校共青团要积极利用新媒体营造和谐的校园文化氛围，调动青年大学生参与活动的积极性、主动性和创造性。针对民族类高校各自办学特色和青年大学生的身心特点，要设计一系列话题和开展一系列的新媒体竞赛活动，例如，在相关时间节点举办面向青年学生特别是少数民族青年学生的活动，如举办"大学生记者节""微小说创作竞赛""少数民族青年话五四"等，广泛展示新时期青年学生的精神面貌。同时通过学习新媒体宣传的手段，通过互联网和手机等新载体，以青年学生喜闻乐见的方式开展展示新媒体学习成果和运营等活动，把同学们真正吸引到参与数字校园文化建设的进程中，引导青年学生参加文明、健康、积极向上的新媒体宣传活动。

(三) 有利于促进青年学生全面发展

新媒体技术的迅速发展和广泛应用，为民族类高校共青团工作既带来机遇也带来挑战，给青年大学生的身心健康和自身发展带来既有利又有弊的双重效应。民族类高校共青团除了应重视和加强新媒体传播的管理外，更应注重正面教育和引导，趋利去弊，以疏代堵，因势利导，利用新媒体的网络和手机平台，以贴近青年学生的姿态积极与青年大学生交流，掌握青年大学生的思想动态，运用青年大学生喜闻乐见的网络语言加强对青年学生的道德教育，提高青年大学生利用新媒体的责任意识和自律能力，遵守网络规范，尊重公序良俗，不违背社会道德，自觉抵制不良信息的干扰，营造网上清朗空间。同时通过积极地教育和引导，提高他们对新媒体的理性辨别能力和适应能力。

新媒体在青年大学生和民族类高校共青团工作中的运用越来越广泛，共青团干部必须高度重视、充分认识新媒体技术与环境对民族类高校共青团工作的影响，并努力寻求运用新媒体技术和民族类高校共青团的工作的契合点，及时掌握青年大学生思想动向，妥善处理网络舆情，牢牢把握新媒体思想政治教育主动权，利用新媒体技术创造性地开展工作，开拓民族类高校共青团工作的新途径。

四、在民族类高校共青团工作中加强新媒体建设的新路径

民族类高校共青团新媒体的运用应保持原有特色，在原有的基础上进行优化和创新。云南民族大学共青团结合实际，在新媒体建设上做了如下尝试：

（一）硬件方面

第一，重视共青团新媒体平台的建设，民族类高校共青团要从各校实际出发，重新统筹布局。云南民族大学共青团以"大思政"为根本出发点，结合学校人才培养模式，与多部门联手合作建设一体化的服务平台。同时要突出院校的专业特色和职业特点等要求，逐步形成以学校、学院、班级、学生组织等为主线的运作体系，做到信息交流共享、互通有无、便利高效。同时也要通过构建新媒体平台，了解和掌握学生的思想动态并提供反馈，为学校思政工作研判分析提供重要支撑。"云南民族大学青年之声运营中心"的成立正是顺应这一思路和要求。

第二，改善办公条件。学校积极将共青团新媒体建设作为新形势下共青团开展工作的主要途径，落实专门办公场所，不断提升新媒体运营团队办公条件水平，打造符合青年特征和口味的新媒体工作室，同时依托学校网络与新媒体等相关专业，有效整合、运营学校相关资源，在新媒体非线性编辑等方面提供基本的设备支持和保障。

（二）软件方面

第一，加强新媒体工作人员的培训以及工作方式，完善内部治理，提升团队运用新媒体的成效，注重编辑手段，提升少数民族语言文字编辑水平。

通过不断强化的政治意识培养、内部体系规范化建设和功能型团支部组织生活的正常开展,实现新媒体运营团队整体素质特别是政治素质的提升,确保团属宣传阵地建设方向不偏、颜色不褪,不断扩大团属新媒体阵地建设的影响力和覆盖面。以新媒体运营团队干部培养为抓手,突出团属宣传阵地对于少数民族学生干部的培养,使其更加符合民族类高校共青团宣传工作的实际和要求。同时为了提升新媒体宣传实效,要结合青年实际创新话语表达方式和编辑方式,使宣传内容更符合青年学生的口味,借助新媒体以青年学生喜闻乐见的方式开展网上思政教育,建设繁荣发展、积极向上的网上清朗空间,增强民族类高校共青团的思想引领作用和牢牢把握网上意识形态话语权。

第二,以实用性为导向,打造品牌栏目,拓展新媒体建设的其他功能。学校各民族学生文化背景不同,学生们的需求也不尽相同,因而学校共青团宣传工作要积极做好正面引导,凸显交流和互动两大特征,努力打造新媒体品牌栏目,培育青年学生社会主义核心价值观,使其真正做到适合师生交流、适合学校发展、顺应社会潮流。要提升工作实效,拓展新媒体工作覆盖面,克服各个组织之间的时间、空间的障碍。学校团属宣传阵地大力塑造和突出民族特色,把民族团结进步教育寓于其中,加大反映民族特色宣传产品的供给,把民族团结一家亲的理念以青年学生乐见的方式传播到每一位青年学生当中,让他们内化于心、外化于行。云南民族大学校团委结合学校工作实际,精心打造"民青视角""民青实践""民族文化""我对团团有话说""民汉双语宣讲"等板块,凸出学校的民族性本色。

第三,学校共青团新媒体工作坚持"仰望星空与脚踏实地"的策略。仰望星空指的是要从思想引领的角度走进最广大的青年大学生朋友们的生活中。脚踏实地是指民族类高校共青团新媒体要一心一意地服务青年。加强学校共青团新媒体建设,要回归青年学生的主体身份,把学校共青团新媒体打造成虚拟社会中各民族青年学生融合交流的青年之家和心灵港湾。学校共青团新媒体建设的指导思想始终坚持与习近平总书记新时代中国特色社会主义思想保持一致,与实现中华民族伟大复兴的中国梦相结合,通过与高校共青团工作的紧密融合,教育、引导各民族青年学生感党恩、听党话、跟党走,帮助各民族青年学生解决困难、树立信心,培养德智体美劳全面发展的社会主义合格建设者和可靠接班人。

五、结　语

民族类高校共青团应合理运用新媒体的工作手段,充分利用民族类高校共青团新媒体的优势和资源,通过长时间的探索和创新,牢牢把握团属宣传阵地意识形态话语权,提升青年学生的思想政治教育成效。要不断发挥优势,主动作为,营造清朗网上空间,减少新媒体传播对青年学生朋友的负面影响。此外,还需要结合各种主题和契机,使团属宣传阵地实现线上和线下有机结合,弘扬正能量,唱响主旋律。通过加强团属宣传阵地特别是新媒体的建设,引导青年学生扣好人生的第一颗扣子,把民族团结一家亲的理念传播到更多人的心中,培养出德智体美劳全面发展的社会主义合格建设者和可靠接班人。

参考文献:

[1] 黄楚新,彭韵佳. "微"团建:互联网思维下的共青团创新工作模式. 中国青年社会科学,2016(4):92—96.

[2] 陈国湘,唐奕. 高校共青团新媒体阵地建设的困境与对策. 右江民族医学院学报,2016(1):114—115.

[3] 韦路,丁方舟. 论新媒体时代的传播研究转型. 浙江大学学报,2013(4):93—103.

[4] 袁民. 论新媒体时代共青团工作的机遇与挑战. 中国青年研究,2013(10):35—38.

[5] 游学民. 新媒体下高校思想政治工作的隐性教育. 渭南师范学院学

报,2017(2):81—85.

[6] 任娟. 新媒体时代下青年话语权的表达. 新闻研究导刊,2017(1):56—57,275.

[7] 徐春妹. 新媒体视域下高校意识形态话语权实现路径研究. 长春大学学报,2017(1):96—99.

[8] 曹盎然. 新媒体视域下高校学生社团活动平台延展. 教育现代化,2017(2):102—103,112.

(作者单位系云南民族大学校团委)

云南民族大学民族团结实践育人的探索与反思

——写在纪念五四运动 100 周年之际

李春亭

一、研究的背景

中国青年的觉醒和奋起是与中华民族伟大复兴事业联系在一起的。①1919 年反帝爱国的五四运动是一次彻底地反对帝国主义和封建主义的爱国运动,也是中国新民主主义革命的开始。五四运动不仅仅是一个历史事件,更是一种精神,在这种精神里,有着青年人关注国家命运的责任和使命,有强烈的爱国情怀。在不同的历史时期,爱国主义有不同的要求,也有不同的具体内涵。爱国主义不是抽象的,而是具体的,继承五四光荣传统在现实上的意义就是弘扬爱国主义精神。1994 年 9 月,中共中央印发的《爱国主义教育实施纲要》,就把维护民族团结和祖国统一作为向全国人民进行爱国主义教育的主要内容之一。②

---

① 李玉琦:《中国共青团史稿(1922—2008)》,中国青年出版社 2010 年版,第 10 页。
② 《爱国主义教育实施纲要》,《中国高等教育》1994 年第 11 期,第 5—8 页。

民族团结是我国各族人民的生命线，青年是促进民族团结的重要力量。无论在边疆还是内地，无论是哪个民族，都不可避免地要与其他民族交往交流，特别是在全面建设社会主义现代化强国、"一带一路"建设背景下，各民族之间的交往交流交融将更加频繁，民族团结教育的重要性更加凸显。①为弘扬爱国主义、巩固民族团结，符合党的号召、时代的需求，2017年4月党中央、国务院印发了新中国历史上第一份青年发展规划纲要——《中长期青年发展规划（2016—2025年）》，列出了青年发展的十个重点项目，青年民族团结进步工程便是其中之一。②

把云南建设成为我国民族团结进步示范区，是习近平总书记赋予云南的新定位、新使命、新要求，③也是广大云岭青年肩负的历史责任。云南省委、省政府2018年9月出台的《云南省中长期青年发展规划（2018—2025）》（以下简称《规划》），提出实施青年民族团结进步示范区工程，并将其作为十个重点项目。《规划》要求鼓励各族青年积极参与民族团结进步示范创建活动，加大对各民族优秀文化的保护、传承和传播；《规划》的另一个重点项目——云南青年志愿者行动，也要求围绕民族团结进步开展志愿服务。④2019年1月31日通过的《云南民族团结进步示范区建设条例》，规定每年1月为云南省民族团结进步宣传教育活动月；要求学校应当将民族基本知识纳入教学内容，对师生进行中华民族共同体意识和民族团结的宣传教育；行政学院（校）、公务员培训机构应当将民族团结进步的有关法律法规、政策作

---

① 《中国民族教育》2017年第2期，第45页。
② 中共中央国务院印发《中长期青年发展规划（2016—2025年）》，《人民日报》2017年4月14日第1版。
③ 《云南省委常委会召开扩大会议强调以更高标准全力推进民族团结进步示范区建设 持续巩固民族团结宗教和顺社会和谐良好局面》，《今日民族》2018年第12期，第2页。
④ 《云南省中长期青年发展规划（2018—2025年）》，《云南日报》2018年9月14日第4版。

为必修课，纳入国家工作人员初任培训和任职培训内容；要求企业事业单位、其他社会组织在培训工作人员时，将民族团结进步、民族政策、民族基本知识纳入培训内容。①

加强民族团结，基础在于搞好民族团结进步教育，建设各民族共有精神家园。习近平总书记在党的十九大报告中提出要"深化民族团结教育，筑牢中华民族共同体意识"。② 民族团结教育工作自 1994 年开始试点，目前已在全国普遍开展。但是不可否认的是，无论是区域层面还是学校层面，民族团结教育"说起来重要、做起来次要、忙起来不要"的现象依然存在。随着市场经济不断深入、各种信息多元化存在而又瞬息万变，青年的思想和行为深刻变革。青年思想教育的时代性、实效性有待增强。高校民族团结教育仍存在理论教学抽象化、泛化现象，如何让民族团结教育更加贴近师生，增强吸引力和影响力，是教育系统需要进一步探索的问题。

云南民族大学成立于 1951 年，学校始终以立足边疆、服务边疆、服务民族团结繁荣发展为己任，1999 年、2005 年和 2009 年先后三次被国务院授予"全国民族团结进步模范单位"称号，2016 年获得"全国民族团结进步创建活动示范单位"称号。学校现有全日制在校生 25594 人，其中本科生 22531 人，硕士研究生 2342 人，博士研究生 43 人，留学生 168 人，普通预科生 188 人，专科生 322 人。③ 云南民族大学 56 个民族齐聚，少数民族师生占比多，是全国最具民族特色的高校之一，开展民族团结教育，对学校具有重要的现实意义和深远的战略意义。

当前，青年民族团结教育研究聚焦于高校民族团结教育，区域上集中于

---

① 《云南省民族团结进步示范区建设条例》，《云南日报》2019 年 2 月 1 日第 5 版。
② 习近平：《决胜全面建成小康社会 夺取新时代中国特色社会主义伟大胜利——在中国共产党第十九次全国代表大会上的报告》，本书编写组：《党的十九大报告学习辅导百问》，党建读物出版社、学习出版社 2017 年版。
③ 云南民族大学简介，http://www.ynni.edu.cn/web/pc/2 [2019-3-4]。

民族地区，领域聚焦于民族高校。众多学者从民族团结教育的意义出发，从制度、物质、思想等方面探讨民族团结教育的相关保障问题，论述民族团结的课堂教育、活动教育、实践教育及其他途径，探究高校民族团结教育的长效机制。① 据笔者目力所及，关于民族团结实践育人的研究尚不多见。笔者在前人研究的基础上，结合云南民族大学的民族团结实践探索，略陈管见，以期对该领域的实践探索和理论研究有所裨益，如有不周之处，还望各位专家批评指正。

二、实践探索

（一）坚持一个核心

立德树人是高校的核心任务，云南民族大学积极发挥民族团结进步创建的示范作用，筑牢各族师生民族团结的思想根基：一是发挥思想政治理论学习主渠道作用，坚持民族团结教育理论与实践相结合。在学生中深入开展马克思主义"五观""四个认同""三个离不开"主题教育，通过多种形式，引导学生学习习近平新时代中国特色社会主义思想，加深学生对民族团结进步重要性的认识，夯实民族团结进步思想基础。二是深入开展好民族团结教育"新生入学第一课"。新生入学伊始，由学校党委书记讲述民族团结第一课，并深入开展民族团结主题教育活动，通过开展主题团日、主题班会、非物质

---

① 相关论著较多，此处仅列举部分论文：海秋丹：《新形势下加强高校民族团结教育的策略》，《社科纵横（新理论版）》2010年第1期；欧阳静等：《在新形势下加强大学生民族团结教育途径探究》，《喀什师范学院学报》2012年第4期；陈昕：《当前高校思想政治教育中加强民族团结教育的思考》，《广西教育学院学报》2011年第5期；焦敏：《高校民族团结教育有效途径探析》，《学习月刊》2016年第20期；高松：《建构云南省高校民族团结教育保障机制研究》，《云南社会主义学院学报》2017年第1期；郭颖：《新疆高校民族团结教育进程与基本经验研究——以新疆农业大学为例》，《中国集体经济》2014年第19期；焦敏：《高校开展民族团结教育的保障机制研究》，《学校党建与思想教育》2013年第25期；李在吉：《民族院校开展新生民族团结教育的探索与实践》，《佳木斯教育学院学报》2012年第5期。

文化遗产进校园等活动，引导全校各民族学生增强热爱党、热爱祖国、热爱社会主义，拥护党的路线、方针和政策的自觉性，了解各民族文化，树立民族团结一家亲的信念。

（二）围绕两条主线

文化是民族生存发展、团结进步的重要力量。了解一个民族，应当了解这个民族的文化；尊重一个民族，应当尊重这个民族的文化；发展一个民族，应当发展这个民族的文化。引导少数民族学生既要走出文化自卑，也要防止文化自大，才能提升他们的文化自信。

一方面，在中华传统文化视域中了解各自民族的文化，厚植土壤，让传统文化在校园里活起来。加强中华传统文化教育，开展中华传统经典诵读比赛、汉字听写大赛、汉服展示、射艺表演、传统礼仪展示，积极组织外国留学生和各族学生参赛，用东南亚国家语言、少数民族语言诵读经典、演绎经典，让各族大学生了解和积极传承传统文化的内涵和精髓，营造诵读国学、学习国学、传播国学的良好校园氛围。

另一方面，凝练校园文化的民族特色，增强情境体验，广泛开展诸如苦扎扎节、火把节、泼水节等具有浓郁民族特色的民族节日庆祝活动，让学生在民俗体验的过程中自觉担负起传承和弘扬本民族传统文化，促进各民族和谐共处的良好氛围的形成；对于穿插在民族节日中的不良习俗和风气，从活动策划中予以正确引导，通过少数民族优秀文化的传承创新，增强学生传承本民族文化的责任感，增进不同民族同学的相互理解。

（三）创新三个途径

1. 请进来

引进校外优质文化资源，积极开展诸如高雅艺术进校园活动、云岭大讲堂、雨花大讲堂活动；依托职业技术学院的云南省非物质文化遗产保护传承示范基地和各类民族社团，定期邀请各级各类非物质文化遗产传承人开展

"非物质文化遗产传承人进校园"活动，以扎染、银器制作等非物质文化遗产为主要展示和实践内容，让同学们感受非遗的魅力，与大师们近距离交流，从传统文化中汲取营养，继承弘扬传统文化中的爱国主义精神和社会责任感，促进非遗传承和民族文化的发展。以纪念长征胜利80周年、纪念建党95周年为主题邀请省书法家协会、昆明老年大学、省书画院的书法家到我校传经送宝，为师生们赠送墨宝，与此同时，在师生中开展书画比赛，并将优秀作品在全校进行集中展示。

2. 搭平台

学校高度重视学生社团在繁荣校园文化中的作用，克服多校区办学的困难，加强和规范社团管理，支持社团健康发展。学校有各类社团116个，涵盖民族文化研究、影视、艺术、文学、环保、健身、教育、心理健康教育等多方面的领域，举办社团文化月活动。各个社团依托各自优势，为全校学生提供了一个互相交流、展现自我的平台，各类学生社团正向多元化发展，成为校园文化的靓丽风景线，吸引更多有共同追求和共同爱好的各民族学生加入。同时依托学校文传学院、太极学院、马克思主义学院等教学机构的专业优势，以"点、线、面"三位立体结合的活动形式（点：以每个学生为单位；线：以基层教学组织、学生宿舍、社团等为小组；面：在全校范围统筹开展活动）广泛开展活动月系列活动。通过"厚植爱国情怀、坚定理想信念"经典诵读比赛、马克思主义大讲坛、太极公开课、国学教育成果展演、元旦篝火晚会等活动，培养学生的协作意识与表达能力。

3. 走出去

坚持开放理念，创造机会条件，让更多的学生走出去，开阔视野、观察社会、服务社会。成立云南省大学生民汉双语宣讲团，赴民族地区用普通话和民族语言宣讲党的十九大精神、习近平总书记"7·2"重要讲话精神，深受社会关注；国学支教团到呈贡区理想小学、嵩明县西山小学等学校，开展国学小课堂活动，积极引导青少年认知和传承中华优秀传统文化；赴寻甸县等地开展政策理论宣讲活动,少数民族学生宣讲团赴怒江、德宏、迪庆、红河、文山等地用当地少数民族语言向少数民族群众宣讲"两学一做",被新闻媒体广泛报道;组织少数民族社团前往昆明市顺城社区、大观社区、明德中学开展少数民族非物质文化遗产进学校、进社区活动,邀请非物质文化遗产传承人实地实践教学;组织社区公益晚会,在妇女节、儿童节、重阳节等节日,到周边社区举行公益晚会,把学校民族文化多元的优势带到群众身边,大学生、社区群众、中小学生同台献艺、联袂演出,展示了多彩纷呈、博大精深的中华文化,繁荣了社区文化,增强了社区的凝聚力,为昆明市创建文明城市、促进民族团结贡献了力量,活动得到当地政府部门的支持,获得社会组织项目经费立项资助,深受群众好评。

(四) 夯实四个载体

1. 研习经典

(1) 经典诵读。学校举办以"厚植爱国情怀、坚定理想信念"为主题的中华传统经典诵读比赛,积极组织外国留学生和各族学生参赛,用东南亚国家语言、少数民族语言以及英语、日语等不同语言、语种诵读经典、演绎经典,在学校里掀起了一股诵读国学、学习国学、传播国学和践行国学的良好校园氛围。

(2) 书法进校园活动。学校依托"钟墨书法研习会"以"纪念长征胜利80周年"为主题举办了书画比赛,紧密地将中华传统的书画艺术与社会主义核心价值观和爱国主义教育联系起来。

(3) 马克思主义大讲坛。学校依托"云南民族大学学生中国特色社会主义理论体系研究会、云南民族大学学生延安精神研究会"举办马克思主义大讲堂,使广大师生系统掌握和深入领会马克思主义基本原理,准确理解中国特色社会主义理论体系,自觉做到坚持中国特色社会主义道路自信、理论自信、制度自信和文化自信。

2. 展示传承

（1）民族团结进步篝火晚会。元旦篝火晚会是学校的经典传承活动，号称"民大小春晚"。整场晚会国内外、校内外文艺节目同台竞技，文艺活动展演后，在民族团结广场举行万人篝火打跳活动，活动参与面广、互动性强、反映效果好，在云南高校和学校周边具有广泛的影响力和号召力。为了更好地贯彻习近平总书记给学校预科学院学生回信精神，引导广大民族大学学子争做新时代民族团结的践行者、促进者、守护者，学校将"元旦篝火晚会"更名为"民族团结进步篝火晚会"。

（2）民族风情文化周。2010年10月起举办的民族风情文化周活动，先后获得教育部、云南省教育厅校园文化建设成果奖，是学校民族团结教育的特色品牌活动。活动内容兼容并包，形式推陈出新，九年来开展的主要活动有："民族文化长廊"系列活动，包括民族服饰、习俗、工艺品展示，少数民族特色文化公共区域展示等；开幕当天，组织开展民族文化巡游展示活动；少数民族大学生自己动手设计本民族的文化展区，参与开幕式文艺展演活动等。

舌尖上的民族活动。比较有特色的是校园长街宴活动，这项活动由每个民族社团推出一道最具代表性的本民族特色美食，由少数民族学生亲手制作，在宿舍园区摆出"长街宴"，邀请全校师生免费品尝。藏族的酥油茶、白族的三道茶、傈僳族的手抓饭、傣族的柠檬撒、哈尼族的蘸水鸡……扑鼻的茶香、各种色泽亮丽的菜肴让人垂涎欲滴，赢得了师生的一致好评。

民族文化创意活动。主要有少数民族卡通形象井盖涂鸦活动、民族表情包设计大赛、民族文化T恤衫设计等。窨井盖涂鸦活动面向全校学生征集设计方案，先用粉笔在窨井盖上打底，勾出轮廓，再用丙烯颜料涂色"上妆"，民族风情、卡通人物、京剧脸谱，学生的奇思妙想在窨井盖上表现得淋漓尽致，有的甚至呈现出3D立体效果，使灰蒙蒙、冷冰冰的窨井盖变得富有人情味。

广场文化活动。主要在开阔的民族团结广场举行，每天晚上轮流开展3个少数民族的篝火打跳活动。点燃火堆后，大家手拉手一圈圈围在一起，伴着音乐一起欢快地跳舞，体验不同民族文化的交融。

国学经典传承活动。主要是开展国学经典晨读、国学经典展示、少数民族语言诵读国学经典等活动，传承和弘扬优秀的中华文化，扎实推进社会主义核心价值体系建设。此外，学校还开展了共植民族林、民族博物馆之旅、少数民族手工艺品和少数民族服装展示、少数民族传统体育、影映民族等活动，让学生在活动中接受民族团结教育的熏陶。①

（3）国学教育成果展演。学校组织国学活动中具有代表性的社团开展了国学教育成果展演活动，内容涵盖了汉服展示、传统礼仪展示、国学诵读、情景剧展演、茶道表演、武术表演、现场书法大赛等广大师生喜闻乐见的表演和展示形式，同时，让留学生感受中华传统文化的博大精深，让他们自觉成为中华传统文化的传播使者。

（4）少数民族非物质文化遗产巡展。旨在加强民族团结教育，引导社会各界人士支持和关注少数民族非物质文化遗产的传承和保护的活动。通过开展此类活动，引导社会各界广泛参与到少数民族文化的传承和保护工作中来，让更多人了解少数民族风情文化的独特魅力和文化内涵，增强民族自豪感和文化认同感，自觉捍卫民族团结，弘扬中华文化，从而让博大精深的中华文明薪火相传。

3. 竞赛提升

（1）汉字听写大赛。"汉字听写技能大赛"以汉字听写、成语填空、国学典故等重要内容作为比赛形式，以汉字作为突破口，逐渐延伸至成语和国学典故，循序渐进，由浅入深，在潜移默化中，引领学生学习和了解汉语文

---

① 李春亭：《让民族团结"看得见、摸得着、感受得到"——云南民族大学民族风情文化周的实践与启发》，《中国民族教育》2017年第2期，第46—47页。

字博大精深的文化内涵。

（2）少数民族歌曲大赛。举办少数民族大学生原生态歌曲大赛，比赛设置海选赛、初赛、决赛三个环节，目前已经举办了十届，吸引了学生的广泛参与。它不仅展示了学生的青春风采，为学生提供了一个展现自我和发挥才能的舞台，而且有利于提高学生的歌唱表演水平和艺术表现能力，促进学生的个性发展，增强学生的竞争意识。

此外还有民族传统体育竞赛、趣味运动会，限于篇幅，恕不一一列举。

4. 实践升华

（1）少数民族语言宣讲党章党规。发挥少数民族大学生在当地的文化引领作用，用本民族语言到民族地区宣讲党的最新精神，宣讲党章党规、法律知识普及活动。在寒暑假，动员少数民族大学生就近组织"少数民族学生宣讲团"赴怒江、德宏、迪庆、西双版纳、大理、怒江等地用少数民族语言向少数民族群众宣讲"两学一做"，让党的方针和政策真正走入少数民族老百姓的家中。此项活动获得2016年全国大学生暑期社会实践"三下乡"重点团队和暑期社会实践优秀成果。

（2）理论宣讲。学校依托理论学习社团，赴学校周边开展常态化的理论宣讲活动，建立理论宣讲社会实践基地。到寻甸回族自治乡开展以"党的十八届六中全会精神进回乡，扶贫攻坚奔小康"为演讲主题的宣讲活动，分别围绕党的政策与老百姓生活的变化，全面从严治党以及十八大、十九大新精神，结合实际向村民宣讲党的最新政策。2016年以来，学校依托首批全国大学生志愿者民汉双语宣讲团，以双语宣讲为特色开展主题活动。

（3）支教实践。一是假期的集中支教。组建民汉双语宣讲团，由学校确定主题，团队申报地点，指导教师指导，经过培训后，到民族地区中小学校和村寨，进行民汉双语学习辅导、心理特征调研、心理辅导、关爱留守儿童。二是常规性的国学支教，选拔和培育优秀国学支教学生，编纂国学课程资料，开设国学启蒙班，到周边中小学开展国学小课堂活动，把短期、临时性的暑期社会实践转化为常态化的国学普及教学活动。

（4）志愿服务制度化开展。党的十九大报告提出，要加强思想道德建设，"推进诚信建设和志愿服务制度化，强化社会责任意识、规则意识、奉献意识"，对志愿服务发展提出了新要求、新期望。[①] 学校引导各族大学生在志愿服务中践行社会主义核心价值观，开展民汉双语大学生志愿服务活动，服务南博会、旅交会、孔子学院大会等大型赛会，组织开展禁毒防艾、无偿献血、节能减排、爱心支教、阳光助残等品牌项目，为政法系统、铁路部门提供少数民族语言服务，协助开展两次全国红十字会骨干训练营活动。加强校地合作，与呈贡区团委共建春融街学雷锋服务站。打造民汉双语志愿服务特色活动。云南民族大学被列为2018年国家五部委首批全国大学生民汉双语志愿服务团建设单位。学校高度重视，精心组织，共组建了32支小分队在2018年暑假开展了民汉双语志愿服务活动，小分队以云南独龙族、德昂族、基诺族、怒族、布朗族、景颇族、傈僳族、拉祜族、佤族、普米族、阿昌族11个人口较少民族与"直过民族"聚居区、贫困区为服务重点，在少数民族自治州、县、乡积极开展民汉双语公益晚会、少数民族歌曲大赛、推广普通话、民汉双语宣讲党的十九大精神等形式多样的志愿服务活动。

三、实践成效

（一）繁荣了校园文化

构建了"1234"民族团结实践育人工作体系，通过促进民族团结更好地立德树人，围绕传承民族文化、展现民族特色两大主线，创新引进来、搭平台、走出去三个途径，拓宽夯实研习经典、文化展演、竞赛提升、社会实践

[①] 习近平：《决胜全面建成小康社会 夺取新时代中国特色社会主义伟大胜利——在中国共产党第十九次全国代表大会上的报告》，本书编写组：《党的十九大报告学习辅导百问》，党建读物出版社、学习出版社，2017年版。

四个载体,让学生在丰富多彩的实践中真切感受民族团结,形成正确的民族观。各族师生以活动为载体,互学互助互信,形成了团结、进步的校园文化。民族团结教育实践活动的开展,营造了良好的校园氛围,有利于各族文明行为的养成,以及文明校风的形成。学生在日常生活中时刻感受到民族团结的氛围,了解不同民族的文化,在交往交流交融中传承优秀民族传统文化。国旗班等民族团结实践教育相关活动被国家民委官方网站推介,系列活动被中国日报网、《中国青年报》、《中国民族报》、中国青年网、《云南日报》、新华网、云南网等媒体报道,民族风情文化周、篝火晚会、民族地区双语宣讲党章党规活动、非遗传承进校园活动为其他高校、单位所借鉴。

(二)培养新时代民族团结践行者、促进者、守护者

实践育人模式体现了学校"民族性、边疆性、国际性"的办学特色,将活动融入学校育人中心工作,成为学校培育和践行核心价值观的有效载体,建立和发展了共有的文化纽带,展现了民族高校校园文化的多样性。通过活动的开展,锻炼了学生骨干,提升了学生的综合素养,培育了一大批民族团结进步的促进者、践行者和守护者。学校把志愿服务活动作为培育社会主义核心价值观、引导学生践行民族团结的重要途径。2017年云南民族大学青年志愿者协会获得云南省团员先锋岗,民汉双语禁毒防艾宣讲团获得云南省大学生暑期"三下乡"优秀社会实践团队,入选全国高校禁毒公益联盟(云南唯一高校)、昆明市最佳志愿服务组织奖(在昆唯一高校);2018年,云南民族大学入选国家五部委首批全国大学生民汉双语志愿服务团,大学生民汉双语志愿服务宣讲团、校青年志愿者协会小分队获得全国大学生暑期"三下乡"优秀社会实践团队,思源支农社获得中央宣传部、中央文明办、全国总工会等16家单位评选的2018年学雷锋志愿服务"最佳志愿服务组织";学校志愿服务项目获中国高校防艾基金、云南省红十字会救灾备灾中心、昆明市"团团营"、昆明市青基会等多个项目资助。

（三）社会反响良好

民族团结实践育人活动形式多样、内容丰富、参与面广、互动性强，体现了校园文化的差异化和内涵式发展，深受学生喜欢。很多活动得到当地政府的大力支持，吸引了毕业生校友、周边群众、社会人士的热情参与，丰富了周边群众的文化娱乐生活，发挥了高校在文化传承方面的积极作用，得到了社会各界的高度认同和强烈反响。少数民族风情文化展演走向省内其他高校，藏族文化研习会举办香格里拉风情展进行全省高校巡展，民族社团联合其他学校社团共同开展活动。2017年9月，学校承办了"在昆高校民族团结分享交流会"，交流会由共青团云南省委主办，省学联干部、在昆高校学生会主席参加，对云南民族大学开展民族团结进步教育工作的经验进行了学习和交流。2018年11月，云南民族大学与共青团云南省委，联合成立了云南省青少年民族团结进步教育研究中心，积极打造云南省青少年民族团结进步工作的智库和交流平台。

四、反思与进路

（一）凝练民族团结实践育人经验

毛泽东同志指出："一个人光有书本知识不行，一定要投身到社会生活中去学习实际知识。"[①] 萧伯纳也说："你想教会别人做事，假如只靠讲授的话，那他永远也学不会。学习是一个主动获取的过程，我们依靠实践来学习，所以，如果你愿意学习，掌握本书的准则，那就试着去实践吧。"而理性认知之所以靠得住，就是因为它来源于感性，否则就是无源之水，无本之木。毛泽东同志指出："只要是在认识过程中根据实践基础而科学地改造过的东

---

① 孙宝义等编著：《毛泽东谈读书学习》，中央文献出版社2008年版，第412页。

西,正如列宁所说乃是更深刻、更正确、更完全地反映客观事物的东西。"①只有理解的东西才能更深刻地感觉,云南民族大学探索的"1234"民族团结实践育人模式,借助高校共青团第二课堂成绩单,引导学生在民族团结实践中,取得并加深民族团结的知识,探索高校深化民族团结实践教育新路径,积极解决马克思主义民族理论政策课堂教学抽象化、内容单一等问题,有助于筑牢中华民族共同体意识。

民族团结教育要取得实效,要在习近平新时代中国特色社会主义思想的指引下,借助教育学、心理学、民族学、社会学等学科知识,通过新的教学手段的引入和传播方式的运用,对既有工作模式加以提升和完善,形成完善的教学体系,才能更好发挥典型示范的带动作用。也要清醒地看到,当前的模式还存在诸如活动"运动式""脉冲式"现象,有的活动低水平重复,活动之间衔接不够紧密,活动的层次对参与者要求不明确,案例库、活动标准尚未建立,活动成效难以测评等问题。这些需要进一步加强顶层设计和资源保障,促进实践探索和理论创新同向同行、同频共振。

(二)显性教育与隐性教育结合

显性教育是公开的、有组织的,如谈话、座谈、讨论学习、开会等有系统的、教育体系的、向教育者表明教育目标的手段,特点在于目的明确;隐性教育利用环境、情景去教育学生,锻炼他们的思维、能力,以使学生接受。青年正处在价值观形成的关键阶段,缺乏社会阅历,对社会发展感知却很敏锐,对各类社会现实问题尤为敏感,容易受到外界和错误东西的影响。将显性教育与隐性教育有机地融为一体,可以最大限度地挖掘教育的功效,使民族团结教育落地生根,不断焕发出新的生机与活力。要在高校文化传承、社会服务、培养人才、科学研究的功能中发挥作用,立足统一多民族国家这一

---

① 毛泽东:《实践论》,《毛泽东选集》第 1 卷,人民出版社 1991 年版,第 282—298 页。

基本国情，运用好第二课堂成绩单、社会实践、创新创业训练等形式，适应完全学分制的变革，"寓教于乐"引导学生树立正确的政治观、历史观、民族观、国家观和文化观，使各族学生充分认识到中华民族是一个命运共同体，各民族只有把自己的命运同中华民族的命运紧紧连接在一起，才能拥有更加光明的前途，走向更加美好的明天。

（三）因时而进，因势而新

习近平总书记把创新作为新发展理念之首，精辟地指出创新是引领发展的第一动力。①青年成长的环境发生了深刻变化，民族团结教育也需要不断在形式和内容上推陈出新。只有适应受众的兴趣需求，才能有效引导他们在尊重差异、交流交融中学会手足相亲、守望相助，共同维护民族团结、国家统一。实践中要把展示各民族优秀传统文化与加强民族团结教育结合起来，把确保民族团结教育的思想性与活动形式的吸引力结合起来。要把思想政治工作贯彻始终，积极培育广大学生的中华民族共同体意识。通过开展旗帜鲜明、思想深刻、形式多样、喜闻乐见的校园文化活动引导学生践行社会主义核心价值观，让学生知道，中华民族是经过长期交往交流交融形成的相互依存、多元统一的民族共同体，每个人都属于一个具体的民族，又都属于中华民族，中华民族体现各民族的整体形象，代表着各民族的共同利益，引导学生自觉做国家统一、民族团结和社会稳定的维护者，做各民族交往、交流、交融的促进者。

（四）发挥受教育者主体性作用

民族团结与每一个人的切身利益息息相关。习近平总书记在北京大学师生座谈会上的讲话中指出："要爱国，忠于祖国，忠于人民。爱国，是人世

---

① 《习近平向世界公众科学素质促进大会致贺信》，《人民日报》2018年9月18日第1版。

间最深层、最持久的情感，是一个人立德之源、立功之本。"① 要引导青年自觉把个人的理想同国家、民族的奋斗目标统一起来，把自己的人生追求融入全国各族人民共同繁荣发展的事业中来，在推动少数民族和民族地区经济又好又快发展中充分发挥生力军和突击队作用。巩固和发展平等、团结、互助、和谐的社会主义民族关系，使青年努力成为维护民族团结和祖国统一、促进社会稳定、构建和谐社会的重要力量。② 要把民族团结一家亲的理念，播撒到更多人的心田，就要注重发挥受教育者的主动性，注重青年的获得感。因为"只有代表群众才能教育群众，只有做群众的学生才能做群众的先生。群众是真正的英雄，而我们自己则往往是幼稚可笑的，不了解这一点，就不能得到起码的知识"。③ 为此，要做到"学生在哪里，我们的阵地就在哪里；学生在哪里，我们的服务就跟到哪里；学生在哪里，我们的交流就陪伴到哪里。深入学生当中，扎扎实实用行动取得实效"。④ 借助"有思想、有温度、有品质"的互动性活动，引导其"不仅欣赏本民族的文化，还要发自内心地欣赏异民族的文化"。通过吸引学生的"眼球"，适应学生的"胃口"，找准民族团结教育和学生心理的契合点、情感的共鸣点、利益的结合点，使得民族团结深入人心、知行合一。⑤

---

① 习近平：《在北京大学师生座谈会上的讲话》，《中国高等教育》2018 年第 9 期，第 4—6 页。
② 牛志男：《第五届"全国各族青年团结进步奖"表彰会在京举行》，《中国民族》2007 年第 7 期，第 36 页。
③ 中国历史唯物主义研究会、中国社会科学院哲学所历史唯物主义研究室组织编辑：《马克思恩格斯列宁斯大林毛泽东论历史唯物主义（下）》，北京师范大学出版社 1983 年版，第 2867 页。
④ 蒋夫尔：《从"民族团结教育"到"民族团结实践"——新疆维吾尔自治区创新民族团结教育模式综述》，《中国民族教育》2017 年第 10 期，第 47—49 页。
⑤ 李春亭：《"实体化"培植民族团结沃土》，《云南日报》2017 年 5 月 12 日第 8 版。

五、结　语

如何让民族团结教育更加贴近受众，增强吸引力和影响力，是教育系统乃至全社会需要探索的一个问题。云南民族大学初步构建了以立德树人为核心，以传承中华文化、展现民族特色为主线，以请进来、搭平台、走出去为途径，以经典诵读、展示传承、竞赛提升、实践升华为载体的"1234"民族团结实践育人模式，让民族团结看得见、摸得着、感受得到，积极培育新时代民族团结的践行者、促进者、守护者，有效解决了民族团结课堂教学内容抽象、形式单一、理论学习与实践教学结合不紧密等问题，为其他高校、其他单位因地制宜开展民族团结实践教育提供了借鉴。爱国主义是五四精神的源泉。爱国，不能停留在口号上，而是要将其落地生根，见诸行动，用实际行动为民族复兴铺路架桥。巩固民族团结，符合党和国家工作大局，也符合当代中国青年运动的主题。在五四运动100周年之际，广大青年应当正确把握当代中国爱国主义的内涵和要求，在新的历史条件下勇担促进民族团结的时代责任。

（作者系云南民族大学校团委副书记、博士研究生、助理研究员）

组织文化视野下团员
意识教育的长效机制

郑景伟

在新民主主义革命的开端,青年知识分子作为主力军和急先锋,在五四运动中扮演了不可替代的作用。在运动中所体现的爱国、民主、科学、进步的五四精神,作为近代青年的精神内核,早已融入广大青年的思想认识和实践当中。作为党和国家发展的助手和后备军,青年团员的团员意识在经过漫长的历史发展后,面临着身份认同缺失和理想信念淡薄的双重危险,这引起了国内学者的广泛担忧。

组织文化是一个组织在共同的社会历史背景中,经过不断的实践和积累所形成以仪式、标志等物质条件为表象及在行为特征中体现的共同价值观和理想信念等要素组成的特有的文化现象。结合对于组织文化各类概念的概括和理解,结合共青团组织及团员表现出的具体行为范式,我们可以把共青团组织文化定义为共青团在长期的组织、引导、服务青年的实践过程中,在与各种环境要素的互动过程中创造和沉积下来并为其成员认同和共同遵守的信念、价值、假设、态度、期望等价值观念体系;制度、程序、仪式、准则、气氛、工作方式等行为规范体系;以及设施设备、符号、标志物等物质风貌体系。①

在共青团百年的发展历程当中,共青团经过积累和沉淀,传承下来了许多优秀的政治观念和宝贵的组织文化建设经验,从而形成了独具特色的共青团组织文化。共青团员作为共青团组织文化的直接继承者、建设者、创造者和反映者,他们的行为和价值观直接关系到共青团组织文化的特征、功能和表现形式。

团员意识则是在观念上自觉形成的区别于一般青年的意识,是团员在团内生活和社会活动中发挥先锋模范作用的思想基础和行为准则。② 团员意识教育是需要通过团组织的各种活动来实现,其目的是培养、强化和提高共青团员的团员意识,使其发挥一个共青团员应该发挥的先进模范作用。这是团员意识教育的出发点和落脚点,也是衡量团员意识教育是否具有成效和成效大小的最大标尺。

一、当前团员意识的发展现状和存在的问题

近年来,团中央对于基层团组织特别是团支部建设工作的重视,高校团干部特别是基层团干部队伍的政治素质和群体认同意识有了明显的提升,以"青年马克思主义者培养"工程、"业余团校"为代表的青年团员政治学习制度在各级各类高校成为"标配",团员有了更加广泛的途径和方式接受团的知识和理论的培养,不少共青团员在组织动员下积极主动参加了各项由共青团组织的实践活动,在不同程度上发挥了团员的先锋模范作用。因此,团员意识教育工作在整体上是积极而又富有成果的。

但是通过对团干部、普通团员的调查走访,发现大学生团员对于自身团

---

① 曹晓晶:《苏中地区共青团组织文化研究——以南通市港闸区共青团组织为例》,上海交通大学,2008年。
② 薛向东:《高校开展增强团员意识主题教育活动的思考》,《河北经贸大学学报(综合版)》2006年第1期。

员身份的认同感不高，对于团的理论和团的知识了解程度更是令人大跌眼镜，在回答什么时候会意识到自己是团员的问题的时候，大多数团员认为只有在交团费的时候才会意识到自己所拥有的共同政治身份。从这个回答我们可以看出，目前大学生团员在对于自身团员意识方面已经出现了不同程度的淡化问题。具体表现在以下几个方面：

（一）由身份大众化带来的团员意识淡薄

初、高中时期，学校为了突出成绩导向，主要根据学习成绩标准作为青少年入团的主要标准，在入团之前，团员意识教育工作基本上处于停滞状态，大多数学校迫于应试教育的压力，将绝大多数教育资源用于学习能力的培养和学习成绩的提高，对于"思想入团""意识入团"方面的教育可以说少之又少。可以说这是团员意识整体淡薄的一个根源性的原因。另外，团员身份的大众化之后，使其容易忽略自身的团员身份，只有当团组织有明确的活动，并且大学生团员参与其中的时候，他们才会真正感到自己的团员身份，高校共青团系统缺乏一个整体的团员标准，导致了没有明确的团员群体界限，人人都是团员的现状导致了团员模范性、先进性在某种程度上的弱化。

（二）三会两制一课形式走样带来的基层团支部组织活动的短板现象日益明显

仪式感是共青团组织生活的重要表现形式。在对学生的调查走访过程中，发现团组织活动在一定程度上出现了上热下冷的情况。学校、学院层面开展的团组织活动如火如荼，征文、演讲、学术竞赛、文体活动从不同层次、不同角度丰富了广大团员的课余生活；但支部作为基层组织细胞，三会两制一课制度基本上流于形式，甚至有的支部团员大会以班会的名义开展，使得本就缺乏的团支部组织生活的数量更少。在团员身份认同危机的前提下，团支部作为团组织的末端触角，本应该发挥的凝聚作用在很大程度上被班团一体化人为地削弱了。

（三）团员自身政治意识缺失导致民主意识的淡薄

随着年龄的增长，进入大学校园的团员自我意识的萌发使之对于价值判断、意识形态有了更多自身的了解，自主意识更加强烈，一方面，他们有强烈的自尊心和社会责任感，希望能够在组织活动中积极参与并在其中扮演重要角色从而凸显自身价值；但在另一方面，由于学业的压力、对未来的焦虑，导致他们对政治生活在观念上表现得不敏感，在仪式上表现出来民主意识的缺失。在支部团员大会中，在对关系到切身利益关系的表态中，显示出惊人的漠视，投票随大流，看别人举手就举手，而缺少自身的价值判断。

（四）团的活动缺乏精神内核，思想性嵌入程度不深，在活动过后没有使团员代入式思考

经过团十七大提出"强三性、去四化"专题整改后，高校团委组织的活动表现出内容丰富化、形式多样化的整体特征，通过对活动方式和手段的改革更新，使得高校校园文化呈现出一片繁荣的景象。与此同时，由于共青团自身理论建设的匮乏以及对党和国家方针政策理解的不到位，导致活动缺乏整体内涵，热闹过后不能很好地引起团员的思考，简而言之，就是在活动政策规划方面没有"主心骨"，不能给大多数团员补精神的"钙"，也就是我们经常听到的一个主题词："虚假繁荣"。

（五）广大团员青年长期游离于组织外带来的团员归属感缺失

由于团员自身身份认同的缺失，大多数团员长期不参与团组织举办的各种各类活动，导致团员自身对团组织缺乏感情归属；加之团组织在学校当中属于弱势部门，团员向团组织反映的问题长期得不到妥善解决，因此会使团员从某种程度上对组织失望，从而加深对团组织的不信任。

二、问题产生的原因剖析

（一）团组织缺乏对团员标准的确定与考核

在人人是团员的基础上，缺乏对合格团员认定的一个整体标准，一方面是由于团组织理论知识方面的模糊、凌乱，没有一个严格、具体的合格团员身份认定标准；另一方面是，共青团对于一些违反团章、团员守则的行为缺乏整体的惩处手段，使广大团员缺乏对团章的基本敬畏之心。

（二）基层团组织基本政治生活停滞

三会两制一课是共青团员基本的政治生活体系，是每一个团员政治生活的主要形式，是团员接受中国特色社会主义理论成果和践行社会主义核心价值观的重要载体和手段，但是在实际运行中，三会两制一课制度并未发挥其真实作用，大多数基层团组织政治生活枯燥、乏味，缺乏正确的引导手段，且上级团组织的培训着眼点过大，并未涉及三会两制一课怎么做、过程怎么设计等细致性问题，存在以会议落实会议、以文件落实文件的不良会风、文风。

（三）仪式感活动的缺失、民主责任的漠然，导致团员身份的不认同

一方面由于缺乏整体的政治敏锐性，对自身利益认识不到位，导致团员无法清晰地认识到基层政治组织生活的严肃性和政治性，平时的政治学习能逃则逃，会议表决根据大多数意见，随波逐流；另一方面，二级学院团委为了实现某方面政治意图，在重大决策前经常会旁敲侧击以统一思想，从上到下的层面压力会给团员带来一种对基础政治组织生活失去信心的不良结果。

（四）基层团组织活动流于自娱自乐形式，缺乏思想内涵

上级团组织对基层团支部活动缺乏有效指导，基层团支部活动多为根据上级团委规定，主题内容要求过死，团支部能够发挥的余地不多；经费缺乏，导致多数团支部主题团日以宣读文件、学习上级文件精神等死板的学习活动为主，而共青团组织时代性特征突出不足。

（五）学校团委层面服务学生成长、维护青年权益方面的工作不能满足学生需求，造成团员对于团组织归属感明显下降

首先，高校青年团员学生价值观逐步确定化，需求明显呈现出多样化和个性化，而高校团委由于经费、人员、场地等软硬件设备建设滞后导致不能满足青年学生的成长需求，在学生的诉求长期无法得到满足的情况下，必然导致团员对于团组织归属感持续下降；其次，受限于高校团委部门在学校中相对弱势的权力地位和与相关部门沟通不畅，导致青年团员反映的关于学习、生活等方面的问题长期无法圆满解决，加深了团员对于学校、团委部门的失望。从个人需求层次理论来探讨，在低层次需求长期无法得到圆满解决的基础上，对团员大谈理想信念，无异于缘木求鱼。

三、对团员意识教育的长效机制的几点思考

第一，加快制定团员意识标准及惩处体系，在树立团员模范的基础上，不断提高对团员可量化、可衡量的考核准则和行为守则。不断加深和细化对于团员行为标准的有效管控，使广大团员在思想、学习、生活等方面都有较为明确、可操作的基础标准；基于这个基础标准，加大对团员中的先锋模范的包装和指导，并将之打造成为同辈教育的宣传对象，通过巡回宣讲、主题谈话谈心等方式，不断提高团员对于自身的标准和要求；与此同时，使用规则对于违反团章、团员行为规范的各类行为进行严惩，从团的纪律方面给予团员负激励，树立负面典型，引以为鉴。

第二，着力加强各级团组织服务型组织、学习型组织的建设力度。摸准青年需求，把握青年发展规律，理顺青年分类层次，由低到高，层层推进，打造可以让青年想得起、找得到、靠得住的组织，不断提升团员对于团组织

的组织认同、心理认同，从而不断提高团组织各类活动、咨询平台的建设水平。

第三，不断夯实物质层面文化建设。从制度层面要求团员按照团章要求，佩戴团徽、会唱团歌，能够利用多种形式开展基层团组织政治生活，把团支部三会两制一课纳入对于二级团组织的考评体系当中，"倒逼"二级团组织指导和监督基层团支部按照上级团组织的要求，开展形式多样、有思想内涵的团员组织活动；加强对团支部相关负责人、相关支部组织活动的培训力度，不断提升基层团组织开展组织活动的业务能力。

第四，组织开展各种类型、各种主题的实践活动，践行和发展社会主义核心价值观。须知社会主义核心价值观从来都不是单纯依靠宣传和学习就能深入人心的，要做到知行合一，就必须践行奉献、友爱、互助的志愿精神，让广大青年的团员意识在志愿服务中得到凝练和提升，从而加强对团组织、团员身份的认同。

第五，要不断加强"党建带团建"的工作力度，不断寻求党委对团组织的支持与理解，搭建学生与相关管理部门沟通交流的桥梁。

（作者系云南民族大学校团委办公室主任、助理研究员）

弘扬五四精神，凝聚青年力量共筑中国梦

——纪念五四运动一百周年

杨永颖

历史上有意义的重大事件，会在促进社会发展的同时，为后来者留下弥足珍贵的思想财富和精神动力。"莫道书生空议论，头颅掷处血斑斑。"一百年前，青年知识分子迈着坚定的步伐，喊着震天的口号，以勇敢的革命精神，在中华大地上掀起了一场影响深刻的、彻底的反帝反封建运动，在中华民族伟大复兴的历史上书写下了浓墨重彩的一笔。从此，五四运动成为马克思主义在中国广为传播的起点，彰显了青年学子心系民族、情系国家的远大抱负，凝聚了一代青年兴国强邦、救亡图存的坚强力量，在中华民族的复兴之路上树立起了一座伟大的丰碑。

一、五四精神的时代内涵

（一）爱国精神

五四运动的爱国精神表现在争取民族独立、维护领土完整和国家主权，以及反对帝国主义的侵略和军阀政府的卖国行为等方面。青年学子在爱国精神的有力号召和爱国主义的强烈感染下，获得了社会各界的大力支持。爱国

主义是五四精神的核心，也是五四运动爆发的动力，在新民主主义时期，爱国主义表现为推翻帝国主义、封建主义及官僚资本主义"三座大山"的暴力统治。在当今时代，爱国主义主要表现为献身于中国梦伟大事业的建设和全面建成小康社会的实际行动上，弘扬爱国精神，不仅要反对民族虚无主义，更要防止民族自傲主义的产生，我们提倡的不是故步自封、崇洋媚外的狭隘爱国主义，而是对外开放、自强不息的爱国主义。

（二）进步精神

五四运动的进步精神体现在推进中国社会向前发展、反对阻碍人民解放及民族独立的一切陈旧迂腐的东西，在一定程度上可以理解为思想上的解放。五四时期大批的思想家打破旧传统，提出了很多先进的主张，形成了中国历史上为数不多的思想大解放局面，让五四运动成为新文化与旧文化、新思维与旧思维的分水岭，极大地推动了中国历史发展的进程。五四运动中体现的社会主义思潮使大批先进的知识分子坚定地选择了马克思主义思想和社会主义道路，之后毛泽东思想、中国特色社会主义理论的产生，都是中国人民思想不断解放的结果，是对五四运动进步精神的传承和弘扬。改革开放四十年来，一代代中国的建设者冲破长期存在的教条主义束缚，推动实践和创新不断向前发展，取得了一个又一个的重大成就。理论创新永无止境，认识真理永无止境，实践发展永无止境，我们要果断地破除一切阻碍社会进步的体制机制和思想观念，为实现中华民族伟大复兴接续奋斗。

（三）民主精神

五四运动的民主精神体现在推翻军阀政府独裁的专制制度、实现民主与自由上。五四运动的爆发，离不开民主精神的推动，民主精神自19世纪以来，历经了旧民主主义、新民主主义和社会主义三个阶段，这三次历史巨变实质上是民主与专制力量的较量后不断改进的结果。把民主精神发扬光大是五四运动以来的光荣传统，中国共产党自成立以来始终坚持民主原则，正是由于对民主精神的坚持，才完成了成立中华人民共和国、实行改革开放、开创中国特色社会主义事业等伟大壮举。在今天，我们仍然要继承和弘扬民主精神，发展中国特色社会主义民主政治，坚持党的领导、人民当家做主和依法治国的有机统一，坚持推进依法治国和人民民主，完善人民代表大会制度、中国共产党领导的多党合作和政治协商制度、民族区域自治制度以及基层群众自治制度等政治制度，建设人民自觉拥护的服务型政府。

（四）科学精神

五四运动的科学精神是引导中国人民转变受压迫、受奴役局面的科学真理。在五四运动时期，对科学的宣传不是主张注重对自然科学的具体研究，而是在于倡导科学精神，反对愚昧落后和封建迷信，使科学和民主一样成为反帝反封建强有力的思想武器。从当今来看，弘扬科学精神即尊重科学、尊重知识、尊重人才，遵循科学规律和社会发展规律，建设创新型国家。作为新时代青年学子，我们必须不断用知识充实自己，迎接科技革命和信息时代的全球化挑战。要重视科学技术，将科学精神、科学态度、科学方法运用到社会主义理论创新和现代化建设的实践中，从而推动中国特色社会主义事业迈向新的台阶。

二、传承五四精神，实现中国梦

五四运动后，中国人民在党的带领下，推动了社会的发展和历史的前进，自中国共产党诞生以来，根据不同时期的形势和特点，将五四精神与人民群众的社会实践相结合，使五四精神始终带有鲜明的时代特征和广泛的群众性。今天，我们在党的带领下踏上了实现中国梦的新征程，我们必须走中国道路、弘扬中国精神、凝聚中国力量，把中国特色社会主义事业继续向前推进。

（一）传承五四精神，实现中国梦，必须走中国道路

中国道路即中国特色社会主义道路。中华民族自古有着悠久的历史和文

化，长期处于世界文明发展的前列。但近代以来，中国人民在西方列强坚船利炮的侵犯下，饱受战争的摧残。从洋务运动、戊戌变法，到清末新政；再从义和团运动到辛亥革命，革命先辈为实现国家独立和民族解放进行了种种努力，但都先后失败。1919年的五四运动是新民主主义的开端，鼓励着先进的知识分子学习和传播马克思主义，使一批具有共产主义理想的知识分子在革命实践中逐渐成长为中国第一批马克思主义者，从而为两年后中国共产党的诞生做了思想上和干部上的准备。一百年来，中国共产党正是秉承五四精神，把马克思主义同中国革命实践结合起来，走具有中国特色的社会主义道路，最终取得了革命建设的伟大胜利，从根本上扭转了中华民族受压迫的局面。改革开放四十年来，中国创造了世界上最快的外贸增长速度、最大规模的社会保障体系、最快的经济增长速度，今天的中国已经逐渐走向世界舞台的中央，中国奇迹为我们赢得越来越多的民族尊严与荣耀。历史证明，只有走中国特色社会主义道路，才是实现中国梦的有效途径。

弘扬五四精神，共筑中国梦，要求当代青年学子躬身践行。一百年前的五四运动让人热血沸腾，当国家面对内忧外困的局面时，一群有志青年毅然决然地站了出来，肩负起救国驱辱的时代大任，许多优秀青年历经艰苦卓绝的奋斗，逐步成长为革命实践的骨干和领袖。五四运动给我们的启迪是，只有深入到群众中，深入到基层里，才能增进和群众的感情，加深对社情、国情的认识，只有到人民最需要的地方去接受考验，到祖国最艰苦的地方去接受历练，才能在实现中国梦的新征程中有所作为。

（二）传承五四精神，实现中国梦，必须弘扬中国精神

中国精神即以爱国主义为核心的民族精神，以改革创新为核心的时代精神。首先，爱国精神是中国人民在实践中积累和升华的对国家高度的责任感和深厚情感，是国家和民族的精神支柱。历史上，爱国精神主要体现在抵抗列强侵略、变法自救和富国强兵等方面，尽管不同时代的有志之士用不同的

方式来体现爱国主义，但其共通点都是把国家的前途和民族的命运与个人的前程牢牢联系在一起，从而加强民族的向心力和凝聚力。五四爱国精神与中华民族自强不息、百折不挠的民族精神相辅相成，中国共产党自成立以来，始终高举爱国主义旗帜，不断赋予爱国精神鲜明的时代特征。其次，我们要弘扬改革创新精神，今天我们正面临着全面建成小康社会的决胜期，改革开放和脱贫攻坚工作的每一步推进，都要求我们必须具备改革创新的能力，我们要在党的领导下继承和弘扬以改革创新为核心的时代精神，创新和发展中国特色社会主义，以高昂的奉献精神和爱国热忱，为实现伟大复兴中国梦而接续奋斗。

弘扬五四精神，共筑中国梦，要求当代青年学子开拓创新。五四运动中，大批风华正茂的青年，冲破传统的束缚，打破旧体制的枷锁，以敢为天下先的爱国热忱，纷纷加入中国革命的进程之中，从此，青年一代的命运便与民族解放伟大事业紧紧结合在一起了。在奋力实现中国梦的今天，我们的国家一样需要青春力量，我们要以飞扬的爱国热情破旧立新，以奋进创新的气魄，不断续写伟大复兴中国梦的新篇章。

（三）传承五四精神，实现中国梦，必须凝聚中国力量

中国力量，即党的领导力量及中国各民族大团结的力量。第一，中国梦的实现需要一个核心的领导力量。五四运动将马克思主义与工人运动相结合，推动了人们思想解放的进程，中国共产党也由此诞生，中国共产党作为领导革命实践的核心力量，选择、坚持和发展了具有中国特色的社会主义。历史已经证明，并将继续证明，没有党的领导，就没有中国革命实践的伟大胜利。其二，中国梦的实现需要全国人民共同接续奋斗。五四运动的制胜法宝在于工人运动与学生运动的结合，中国革命的胜利从某种程度上说，也是知识分子和人民群众在党的领导下团结在一起，努力奋斗的结果。今天，中国共产党已经从带领人民群众打天下、为夺取领导权而奋斗的党，转变为将长期在

全国范围内执政、为实现中华民族伟大复兴中国梦而接续奋斗的党。因此，我们要传承和发扬五四精神，凝聚中国力量，为实现中国梦努力奋斗。

弘扬五四精神，共筑中国梦，要求当代青年学子勤笃好学。五四运动是中国历史的青春记忆，身处风云变幻中的青年学子，秉承民族解放的信念，努力提升学识素养，为投身革命实践做了丰富的知识储备。当前，知识更新提速，科技进步加快，中国梦的实现需要大批高素质人才。因此，知识的储备对于青年学子来说比以往任何时候都显得更加重要。青年学子既要努力钻研专业知识，又要将中国特色社会主义理论熟记于心，外化于行；既要吸收我国各民族优秀的传统文化，又要汲取世界各国优秀的文明因素。只有敏于求知、勤于学习，才能坚定四个自信，成长为对社会有用的人才。

实现中华民族伟大复兴，是中国梦的核心，接过接力棒的习近平总书记，向全国人民详细论述了什么是中国梦，并郑重提出中华民族伟大复兴的梦想必然能够实现。实现中华民族的伟大复兴，是五四运动以来一代又一代的中国青年矢志追求，并为之努力拼搏的远大理想。今天，广大青年对五四运动最好的纪念，就是将个人的前途和命运与中国梦的实现紧紧地联系在一起，把五四精神深深地融入中国梦之中。五四运动领导者陈独秀曾说过："青年如初春，如朝日，如百卉之萌动，如利刃之新发于硎。"站在时代的前沿，青年代表着希望，肩负着中国的未来，当代青年学子要以坚定的信念、丰富的知识、优良的品行和过硬的本领，勇敢承担起五四运动革命先驱们未竟的事业，为实现伟大复兴中国梦而接续奋斗！

参考文献：

[1] 穆允军. 文化比较视域下"五四"新文化运动再思考. 山东大学, 2010.

[2] 刘晶芳. 五四运动与马克思主义在中国的传播. 史学集刊, 2009 (2): 3—11.

[3] 张艳. 五四运动阐释史研究 (1919—1949). 浙江大学, 2005.

(作者系云南民族大学马克思主义学院硕士研究生)

五四精神的内核和新青年的时代要求

苏 谏

1919年的五四运动是全国范围的群众性反帝爱国运动,拉开了中国新民主主义革命的序幕,形成了以爱国、进步、民主、科学为核心的五四精神,促进了马克思主义同中国工人运动的结合,加速了中国共产党建立的进程。五四运动的产生有着鲜明的时代背景。政治上,"巴黎和会"外交失败和封建势力的妥协,加剧了国内外矛盾;经济上,第一次世界大战使欧洲各国无力东顾,中国的工商业发展获得缓冲和机遇,民族资本主义进一步发展;思想上,《新青年》等刊物的发展、白话文运动的推动、高等教育的发展以及俄国十月革命的胜利等进一步解放了国民思想,传播了马克思主义。而学生与青年,正是五四运动的主力军、五四精神的传播者和践行者,特别地,中国特色社会主义进入新时代,当代青年更应该"不忘初心,牢记使命",弘扬和传承五四精神,崇尚科学、追求真理,做有理想、有道德、有文化、有纪律的四有新人,始终坚持学习和传播马克思主义,为实现中华民族伟大复兴中国梦而奋斗!

一、五四精神的精神内核

五四精神是五四运动最深层次的内化和外延,是中华民族精神的重要组成部分，它主要包含的核心要素是：爱国、进步、民主、科学。

（一）爱国精神

爱国，即爱自己的国家。五四运动所产生、形成的爱国精神，是民族的精神脊梁，它不是凭空产生和发展的，而是在遵循人类发展规律中逐渐形成的，是历史与现实的产物，是爱文化和对中华传统文化的守护，它囊括了个人或集体对祖国的一种积极和支持的态度。正如2018年5月2日，习近平总书记在北京大学师生座谈会上指出："爱国，是人世间最深层、最持久的情感，是一个人立德之源、立功之本。"[1] 五四运动时期的爱国精神主要表现在人民群众反帝反封建的斗争运动中，在民族危难之际，人民群众、市民、工商阶层等毅然站出来，维护国家主权，反对分裂割据，进行的罢工、游行、请愿等，都深刻地反映了人民群众浓厚的爱国精神。尽管历史已远去，但爱国精神依旧在中华大地上生根发芽，始终指引着中国特色社会主义事业前进的方向，引领着青年大学生的社会主义核心价值观，为实现中华民族伟大复兴的中国梦奠定了扎实的基础。

（二）进步精神

俄国十月革命，给中国送来了马克思列宁主义，随之而来的五四运动应运而生，进一步宣传和传播了马克思列宁主义，革新了人们的思想观念，推动了社会不断向前发展，为中国共产党的诞生创造了条件。五四运动是一场进步的运动，是蒙昧与理性的碰撞，极大地冲击了封建统治和动摇了帝国主义在华势力，是矛盾达到一定程度的历史性必然。五四运动打破了原有的思想禁锢，变革了生产力和生产关系，符合历史发展趋势和规律。同时，也鼓舞着人们热爱知识、追求真理、勇于创新，充分调动了社会关系和社会各个方面的运动，使整体与部分相协调统一，发挥了整体的作用，调动了部分的

---

[1] 习近平：《在北京大学师生座谈会上的讲话》，《人民日报》2018年5月2日。

运转，社会和人民群众也正是在这样的环境中不断向前发展。

(三) 民主精神

所谓的民主精神，就是推翻陈旧制度，建立社会主义，以实事求是的精神推动社会发展和进步。这种转变是建立在思想的觉醒、观念的转变、对先进思想的接纳以及时代趋势上。陈独秀在关于民主的问题上就提出过，只有消灭阶级特权，广大的人民才能真正地享有民主权利。[①] 在五四运动中，民主精神是马克思主义在中国广泛传播的一次伟大实践，也是人们思想的一次觉醒，让人们在运动中接受了马克思主义的洗礼，对资产阶级民主和无产阶级民主有了一定的区分和认识。五四运动倡导民主，使人们从封建思想禁锢中解放出来，以达到反对封建主义和帝国主义的目的。对封建制度和封建思想的批判，逐渐改变了人民群众认识事物的方式和方法，也改变了人们的生活方式和行为方式。

(四) 科学精神

科学精神即反对愚昧落后，弘扬科学理性。提倡科学是破除封建迷信、解放思想的需要，要求人们立足于实际，从客观实际出发，正确看待和认识客观规律，摸索未知世界的本质特征，进一步增强和巩固民主意识，敢于在实践中开拓创新。另外，弘扬科学理性，就是要反对封建迷信，将人民群众拉回现实生活中来，坚定信念，用马克思主义的世界观和方法论指导人们从事社会实践活动，从而牢固树立正确的世界观、价值观和人生观，把马克思主义同中国实际发展相结合，开辟一条有别于苏联模式的社会主义道路。

二、五四精神与新青年是一个统一的有机整体

作为主体的新青年在社会实践中衍生出了五四精神，并赋予了它时代新

---

① 白杨：《五四精神及其时代价值探析》，《鄂州大学学报》2018年第25卷第5期，第5—9页。

的内涵和印记；五四精神的形成和发展始终离不开新青年，离不开广大的人民群众。因此，五四精神与新青年是一个统一的有机整体，彰显了时代发展和社会进步新篇章。

(一) 青年学生群体是五四运动的主力军

五四运动是以学生运动为先导，以工人阶级为主力的坚决的反帝反封建运动，是无产阶级领导的新民主主义革命。在帝国主义、封建主义和官僚主义的多重压迫和影响下，大好河山支离破碎，在西方列强的侵略下中华民族危机感日益剧增，在这样矛盾异常尖锐的时代背景下，争取民族独立、国家富强，成为中国人民最迫切的需要和要求。因此，当时青年学生作为知识水平较高、思想敏锐的群体，他们受科学文化的熏陶，崇尚科学，敢于反对帝国主义、封建主义和官僚主义，以唤醒蒙昧的国人。在这样强烈的变革欲望和救国意识的驱动下，青年学生群体毅然参与各项政治活动并产生了积极的影响，深受工农商各界的支持，促使学生运动走向高潮，最终促成了五四运动，在历史的积淀和打磨下形成了五四精神。可见，先进知识分子和青年学生群体在五四运动前期发挥着主力军的作用，对社会的变革具有重大的意义和作用。

(二) 新青年是五四精神的传播者和践行者

新青年指"具有爱国情怀、崇尚民主与科学的大批青年学生与青年知识分子"。1915 年陈独秀等创办《青年杂志》，将塑造新青年作为新文化运动的一项重要战略。[①] 在蒙昧与理性的较量下，新青年成为新文化的重要追随者与实践者，在实践的基础上形成了五四精神。新青年敢于斗争，在救亡图存的社会实践中主动探索和分析国内外形势，不断推动社会变革、社会进步。中华民族正是在曲折、反复的探索中才逐步实现独立，五四精神正是在从中

---

① 李培艳：《五四新文化运动塑造新青年的基本战略考察》，《烟台大学学报（哲学社会科学版）》2018 年第 31 卷第 6 期，第 42—51 页。

华民族站起来到富起来，再到强起来这一过程中得以传播和升华。

（三）五四精神升华了新青年的思想新境界

五四精神是五四运动以来新青年升华的结果，是中华民族智慧的结晶，是青年学生和青年知识分子的精神食粮。在不同的历史时期，五四精神始终与时俱进，符合中华民族发展壮大的需要，符合时代的要求。五四精神与青年知识分子是紧密联系在一起的，五四精神始终贯穿于新青年实践过程中，时刻指引着青年知识分子从事社会实践活动，引导他们树立正确的爱国奋斗、追求进步、崇尚民主与科学的时代精神。五四精神奠定了青年知识分子的思想基础和实践基础，这要求新青年要勇于开拓创新，继续弘扬、传承五四精神。

三、五四精神对当代青年的时代要求

新的时代，赋予当代青年新的使命，每一代人有每一代人的长征路，当代青年就要走好新时代中国特色社会主义道路，新时代的中国，有能力去实现和完成新的使命，我们必须明确梦想，推进事业，进行斗争，建设伟大工程。正如习近平总书记在党的十九大上指出的"青年兴则国家兴，青年强则国家强。青年一代有理想、有本领、有担当，国家就有前途，民族就有希望"。[①]

（一）同呼吸，共命运，把个人命运同国家命运紧密联系一起

马克思指出："人的本质不是单个人所固有的抽象物，在其现实性上，它是一切社会关系的总和。"[②] 我们作为社会的人，不可能脱离社会而独立存在，个人与国家、民族是部分与整体的关系，要求我们遵循社会发展规律，牢牢地把个人命运同国家、民族命运联系在一起。个人理想追求要服务于国家和民族的事业，通过社会逐渐实现自我价值和社会价值，在实现个人梦的

---

① 习近平：《决胜全面建成小康社会　夺取新时代中国特色社会主义伟大胜利》，《人民日报》2017年10月27日。
② 《马克思恩格斯选集》第1卷，人民出版社2012年版，第60页。

同时，为实现中国梦注入源源不断的动力和力量。广大青年学生是中国特色社会主义事业的生力军、创造者和践行者，在实现中华民族伟大复兴和中国梦的伟大征程中要树立使命意识和责任担当。以马克思主义为导向，坚持党的领导，树立四个全面和四个意识，切实将个人发展目标与国家、社会和民族命运紧密联系在一起，将中国梦与个人梦融合在一起。中国梦既是国家梦、民族梦，也是人民梦、个人梦。因此，广大青年要有大局意识和整体意识，不断学习党的理论知识、学习马克思主义基本理论，提升党性修养和理论素养，脚踏实地，勤于学习，练就逐梦本领，担当社会责任；从自我做起，共筑中国梦。

（二）坚定理想信念，扣好人生的第一粒扣子

党的十八大以来，习近平总书记高度重视理想信念教育。在十八届中共中央政治局第一次集体学习时的讲话中指出："理想信念是共产党人精神上的'钙'，理想信念坚定，骨头就硬；没有理想信念，或理想信念不坚定，精神上就会'缺钙'，就会得'软骨病'。"[①] 共产党人要坚定理想信念，青年学生也一定要坚定崇高的理想信念和坚守远大的精神追求，切实解决好世界观、人生观、价值观这个"总开关"问题。习近平总书记强调了在新时代背景下进一步加强青年大学生思想政治教育工作的重要性和急迫性。充分发挥社会主义制度和道路的优越性，不断培养青年大学生共产主义事业的理想信念，为中华民族伟大复兴和中国梦注入无限的活力。

青年大学生是时代的希望，是民族的希望，要树立远大理想，坚定理想信念，牢牢把握理想信念的高度、硬度、黏度、纯度、深度和效度。树立责任意识，勇于承担个人责任和社会责任，积极探索新知，坚定政治方向，用长征精神激励自己学习，以顽强的斗志、坚韧不拔的意志、虚怀若谷的态度，

---

① 习近平：《紧紧围绕坚持和发展中国特色社会主义，学习宣传贯彻党的十八大精神》，《人民日报》2012 年 11 月 19 日。

做走在时代前面的奋进者、开拓者、奉献者。做有理想、有担当的时代青年，全身心地投入学习生活中，努力地尽快让自己成长为社会主义现代化建设的有用之才、栋梁之材。

（三）求真务实，知行合一

新时代，呼唤新理论；新时代，新征程。习近平总书记指出：大学生要"努力扩大知识半径，既读有字之书，也读无字之书，砥砺道德品质，掌握真才实学，练就过硬本领"。① 也就是说青年学生要切实结合自身实际情况，明确目标和方向，努力学习相关专业理论知识并提升专业技能，将理论与实践牢牢结合起来，塑造和培育独特的人格魅力。注重青年大学生的认识与实践导向，让学生学会慎思、明辨、笃行，促进学生的生理和心理、智力和非智力、认知与意向等因素全面而和谐发展，使学生整体素质得以不断提升。

参考文献：

[1] 肖建国."五四精神"嵌入"新"青年培养的价值维度与实践向度.吉林师范大学学报（人文社会科学版），2019（2）：101—106.

[2] 刘欣，韩云花.五四精神的传承及当代价值.长春师范大学学报，2019，38（3）：67—70.

[3] 郭玮."五四精神"的当代价值及传承发展.西部学刊，2017（11）：34—36.

（作者系云南民族大学马克思主义学院2017级硕士研究生）

---

① 习近平：《在欧美同学会成立100周年庆祝大会上的讲话》，《人民日报》2013年10月23日。